GRöLS Verlage

„Bücher sind wie Fallschirme. Sie nützen uns nichts, wenn wir sie nicht öffnen.“

Gröls Verlag

Redaktionelle Hinweise und Impressum

Das vorliegende Werk wurde zugunsten der Authentizität sehr zurückhaltend bearbeitet. So wurden etwa ursprüngliche Rechtschreibfehler *nicht* systematisch behoben, denn kleine Unvollkommenheiten machen das Buch – wie im Übrigen den Menschen – erst authentisch. Mitunter wurden jedoch zum Beispiel Absätze behutsam neu getrennt, um den Lesefluss zu erleichtern.

Um die Texte zu rekonstruieren, werden antiquarische Bücher von Lesegeräten gescannt und dann durch eine Software lesbar gemacht. Der so entstandene Text wird von Menschen gegengelesen und korrigiert – hierbei treten auch Fehler auf. Wenn Sie ebenfalls antiquarische Texte einreichen möchten, finden Sie weitere Informationen auf www.groels.de

Viel Freude bei der Lektüre wünscht Ihnen das Team des Gröls-Verlags.

Adressen

Verleger: Sophia Gröls, Im Borngrund 26, 61440 Oberursel

Externer Dienstleister für Distribution & Herstellung: BoD, In de Tarpen 42, 22848 Norderstedt

Unsere „Edition | Werke der Weltliteratur“ hat den Anspruch, eine der größten und vollständigsten Sammlungen klassischer Literatur in deutscher Sprache zu sein. Nach und nach versammeln wir hier nicht nur die „üblichen Verdächtigen“ von Goethe bis Schiller, sondern auch Kleinode der vergangenen Jahrhunderte, die – zu Unrecht – drohen, in Vergessenheit zu geraten. Wir kultivieren und kuratieren damit einen der wertvollsten Bereiche der abendländischen Kultur. Kleine Auswahl:

Francis Bacon • Neues Organon • **Balzac** • Glanz und Elend der Kurtisanen • **Joachim H. Campe** • Robinson der Jüngere • **Dante Alighieri** • Die Göttliche Komödie • **Daniel Defoe** • Robinson Crusoe • **Charles Dickens** • Oliver Twist • **Denis Diderot** • Jacques der Fatalist • **Fjodor Dostojewski** • Schuld und Sühne • **Arthur Conan Doyle** • Der Hund von Baskerville • **Marie von Ebner-Eschenbach** • Das Gemeindekind • **Elisabeth von Österreich** • Das Poetische Tagebuch • **Friedrich Engels** • Die Lage der arbeitenden Klasse • **Ludwig Feuerbach** • Das Wesen des Christentums • **Johann G. Fichte** • Reden an die deutsche Nation • **Fitzgerald** • Zärtlich ist die Nacht • **Flaubert** • Madame Bovary • **Gorch Fock** • Seefahrt ist not! • **Theodor Fontane** • Effi Briest • **Robert Musil** • Über die Dummheit • **Edgar Wallace** • Der Frosch mit der Maske • **Jakob Wassermann** • Der Fall Maurizius • **Oscar Wilde** • Das Bildnis des Dorian Grey • **Émile Zola** • Germinal • **Stefan Zweig** • Schachnovelle • **Hugo von Hofmannsthal** • Der Tor und der Tod • **Anton Tschechow** • Ein Heiratsantrag • **Arthur Schnitzler** • Reigen • **Friedrich Schiller** • Kabale und Liebe • **Nicolo Machiavelli** • Der Fürst • **Gotthold E. Lessing** • Nathan der Weise • **Augustinus** • Die Bekenntnisse des heiligen Augustinus • **Marcus Aurelius** • Selbstbetrachtungen • **Charles Baudelaire** • Die Blumen des Bösen • **Harriett Stowe** • Onkel Toms Hütte • **Walter Benjamin** • Deutsche Menschen • **Hugo Bettauer** • Die Stadt ohne Juden • **Lewis Caroll** • *und viele mehr….*

Elisabeth Charlotte von Orléans

Briefe der Herzogin von Orléans

Inhalt

An ihren Vater, Kurfürst Karl Ludwig von der Pfalz

hertz libster papa.

ich glaube ihre gnaden werden von *matanten* schon vernommen haben, das gesunt sein hir vor 8 tagen angekommen. Ihre Majestät die königin ist mir gar gnedich, hatt mir auch schon ein huntgen geschenket; morgen werde ich einen sprachmeister bekommen, der dantzmeister ist schon 2 mall bei mir gewesen; *matante* sacht, wen imant hir ist, der woll singen kan, soll ich auch singen lernen; werde ich also gar geschickt werden und hoffe ich, wen ich die gnade wider haben werde, papa die hende zu kussen, sollen i. g. finden, daß ich fleißich gelernet habe. Das schälgen vor die königin habe ich noch nicht überlieferen können, weillen mein Zeuch noch uff dem schiff undt von unsern leutten auch noch zurucke sein; gott gebe nur, daß sie nicht ersoffen sein, es were sonsten ein schlechter posse. Itzunder soll ich mitt mein tanten bei die *prines* von Orangen gehen, mus deswegen endigen und küsse himitt i. g. gehorsamlich die hende mitt demutiger bitte, mein lieber papa wolle mich in seiner gnade erhalten undt glauben, das liselotte alzeit wirtt bleiben mitt udtkommenem schuldigem respectt

meines allerlibsten papas gantz gehorsamst untterdenichste dochter undt dinerine

Elisebett Charlott.

An Frau von Harling, geb. v. Offeln Bodemann

Heidelberg den 13. Januarius 1666.

Meine hertzallerliebste Frau von Harling.

Ich bin recht fro gewesen, aus eurem brif zu hören, daß *ma tante* nun wider ein klein *printzgen* hatt; ist mihr aber leit, daß sie nicht alle beyde sein leben bliben, daß die freud desto volkommener wer. Ich mochte woll wünschen, daß die 2 eltesten *princen* hir weren, so könten sie mitt auf dem schlitten fahren, dan es ligt gar ein schönner schnee hir. Vergangenen montag seint wir hir *masquerate* in schliten gefahren; wie wir aber wider auß der stat herauf sein gefahren, da ist einer von den edelleut auch mit herauf gefaren, welcher nimants im schliten hatte. Wie er aber hatt wollen 'nunder faren, ist die stanck von schlitten gebrochen und das pferdt hat ihn auf den berg von schlitten geworfen und ist folgens den gantzen berg hinunder geloffen. Unterwegens aber ist des pauckers seine schwiegermutter, hat wollen den berg herauf gehen; das pferdt hat aber die frau zu boden geworfen und hat sie tot getreten. Es ist schon eine alte frau gewessen und hatt schon 5 männer gehatt. Des *docter Faust* seine frau ist auch vor etlich tagen an einem schlackfluß gestorben. Das seint alle die neuen zeitung, die ich weiß. Ich bedancke mich auch vor den gutten neujahrswunsch; ich wünsche mein lieb frau Harling alles was sie begert. Mein bruder lest euch auch sehr dancken vor das, „so was so was“; er sagt, er wünsche euch auch „so was so was“, da ihr mit spielen könt, den gelehrten wer auch gut predigen. Unterdessen werde ich allzeit verbleiben

Eure treuwe freundin *Elisabethe Charlotte.*

An Dieselbe

Schwetzingen den 26. may 1671.

.... Auß ihrem lieben schreiben sehe ich, daß mein bruder nuhnmehr zu Osnabruck ankommen ist. Wie leidt es mir ist, daß ich nicht mit dabey sein kan, halte ich woll, daß mein lieb fraw Harling wohl selber wirdt erachten können, ohne daß ichs viel beschreibe; freuet mich doch noch, daß ich mit dabey gewünscht werde, muß aber denken, daß es mir geht alß wie unser Hergott zum reichen mann gesagt hatt: ich habe mein guttes vor etlichen jahren entpfangen undt mein bruder bekombts erst itzunder. Jedoch habe ich noch hofnung, sie allesambt baldt hir zu sehen undt muß mich also mit der hofnung abspeißen, wiewohl es ein zimblich mager eßen ist. Ich höre wohl, mein bruder vertritt gantz meine stelle, biß auch auf das, daß er auch so gewaschen wirdt wie fraw Harling mich als gewaschen hat. Dißes thut ihm als einem hochzeiter gar wohl von nöhten, damit, wan er zu seiner braut kompt, daß er gläntzt wie ein carfünckelstein im Ofenloch. Mein bruder kan mir nicht genug beschreiben, wie große gnade und ehr ihm widerfähret, undt gefällt ihm das leben gar wohl. Er ist aber nicht närrisch hirin; ich weiß auch wohl, was es ist. Er hat mir auch gerümbt, wie der eltfte *prinz* schon so braff zum ring rennen kann und auch den ring in die mitte hinweg genohmen habe; *suma sumarum* sein gantzer brieff ist nichts anders als wie er so wohl zufriden und wie's ihm so wohl geht. Das tantzen und spilger spillen gefallt ihm auch gar trefflich woll ... Mein lieb fraw Harling muß noch nicht von alter sagen, denn weil sie noch so frisch undt gesundt ist undt sich noch als mit lustig machen kan, muß sie sich gar nicht einbilden, daß sie alt sey; ich aber hoffe sie noch viel innerhalb 20 jahren zu sehen undt mit ihr lustig zu sein. Mein bruder wirdt doch die hoffmeistersschafft unter dem nahmen gutten rahts gar gern annehmen, ich imgleichen auch, wan ich nur möchte darbey sein. Ich bitte, mein lieb fraw Harling wolle mich doch auch als bey *matante* undt *oncle* in gnaden helfen erhalten undt auch achtung haben, daß mein bruder, so anweßendt, mich abweßende nicht gantz aussticht.

An Dieselbe

St. Germain den 4. februari 1672.

Ma tante schreibt mir, daß ich euch vergeßen hette, weil ihr kein schreiben von mir bekommen. Ich kan nicht wißen, wie das zugeht; ich hab nur 2 brief von euch bekommen, welche ich auch beide beantwort ... Damit mein hertzlieb jungfer Uffeln aber nunmehr keinen zweiffel ahn meinem gedechtnuß haben mag, sondern fest glauben, daß ich sie als noch lieb hab undt behalten will, so schreib ich ihr am ende meiner kranckheit unangesehen, daß ich noch etwas matt bin, obwol die kranckheit nicht lang geweret, undt will euch den gantzen verlauf davon verzehlen, damit, wans *papa* undt *matante* hören, daß sie nicht in sorgen sein mögen. Solang ich hir im landt bin, hab ich das eßen, so sie hir eßen, welches mit lauter speck undt kein bißen butter ist, nicht recht gewonen können undt derhalben nie gar viel geßen; wie ich aber nach *Versailles* kommen, hab ich mehr *exercitien* gethan als zu *Paris*, undt derowegen auch hungriger geweßen, als vor dißem. Also hab ich vergangen Freitag, nachdem ich den gantzen tag spatziren war gangen, nachts nach mitternacht zu nacht, welches man *medianoche* hir heist, geßen, welches man thut, damit man fleisch eßen darf. *Monsieur* hat mit dem könig *medianoche* gehalten und ich hab' mit meinen leutten geßen; der König aber hat sein eßen viel eher bekommen, als ich; derhalben wie wir am halben eßen waren, kam *Monsieur* schon nach hauß, wir aber aßen fort, undt wie ich praffen hunger hatte, aß ich mich so dick, daß ich mich nicht rühren konte, undt mußte darauf gleich nach bett gehen mit vollem magen. Dieselbe gantze nacht war ich zwar nicht kranck, aber schwitzte die gantze nacht wie ein tantzbeer; den sambstag mittag war ich so spät aufgestanden, daß ich nicht zu mittag eßen kont und derowegen abendts wider so schrecklichen hunger hatte, daß ich mich wieder gantz dick geßen, mußte auch gleich drauf schlafen gehn, weil *monsieur* schrecklich zahnpein hatte. Dieselbe nacht hab ich schreckliche hitz gegricht, daß ich die gantze nacht nicht hab schlafen können, undt gegen morgen wider geschwitzt undt dabey abscheulich kopfwehe. Ich ließ mir aber nichts mercken, sondern stundt auf undt that mich ahn undt ging mit dem könig in die meß wie *ordinari*; aber im hin undt her gehen dacht ich, daß mein kopf vor pein verspringen solte. Sobaldt ich in der Königin gemach kam, fragte mich die königin und alle *damens*, was mir felte, daß ich so trawrich außsehe? Ich sagte aber, ich hette die nacht nicht woll geschlafen und were schläfferig. Wie ich an tafel kam, fing der König gleich an zu rufen: „Wie secht ihr so schrecklich ubel auß, ich glaub, ihr habts fieber.“ Ich blieb aber bestendig drauf, ich wer schläfferich. Der König trauete aber nicht, sondern ließ mir den pulß durch der Königin docktor, so da stundt, fühlen, welcher versicherte, daß ich kein fieber hette, aber ich konte kein bißen eßen, sondern der geruch von eßen war mir zuwider. Sobaldt ich vom eßen aufstundt, sagt mir *Monsieur* undt der König, ich solte in mein Kammer gehn schlafen, ob vielleicht mir beßer werden würde. Ich ging in kammer undt ließ die Hinderson rufen; die hielte mir den gantzen tag den kopf; ich schlief ein stundt oder 3, darnach that mir mein kopf noch viel weher als zuvor. Abendts kam der König zu mir undt fült mir den pulß undt den kopf undt sagt, ich hette ein inerlich fieber; der königin docktor aber sagte, ich hette gar kein fieber. Endtlich wolten sie mich uberreden, ich solte ein *clistier* nehmen, welches ich nicht thun wolte; der König aber wolt nicht weg gehn, biß ich ihm versprochen, daß ich mich zu bette legen wolte undt ein *clistiera* nehmen. Darauf fing ich an so übel zu werden, daß, so oft ich auf den stull ging, welchs 3 mahl geschehen, hab ich mich allemahl 4 mahl ubergeben. Damit kam der dockter undt fülte mir den pulß undt sagte, daß ich das fieber nun rechtschaffen hette. Derselbe *acces* hat 24 stundt geweret. Andern tags bin ich hirher gefahren undt hat mich das fieber umb 8 abendts angestoßen undt habe es biß 10 andern morgen gehabt undt haben mir wider *clistiere* geben. Sie haben mir mit aller gewalt wollen aderlaßen undt *medicin* geben, aber ich hab durchauß nicht gewolt. Endtlich, wie sie keinen raht mehr mit mir gewust, hat der König und *Monsieur* kommen wollen; einer hat mir wollen den ahrm, der ander die ander handt undt den kopf mit aller gewalt halten, aber zu allem glück hat mich eine jungfer besucht, welche verursacht, daß man mir nicht gelaßen. Seyder dem hab ich gar kein fieber mehr gehabt, auch kein schmertzen mehr; das schlimste aber ist, daß mich hungert undt vor morgen darf ich nicht eßen, weilen man noch lauert, ob es kein 4tagig fieber geben will. Heute haben sie mir wider ein *clistier* geben, sonstens geben sie mir gottlob nichts, als alle 4 stundt ein schüßel voll kälbersaft, wie sie es heißen, welches etwas beßer ist als fleischbrühe.

Dißes ist die ganze *relation* von meiner kranckheit. Hinfüro will ich beßer in acht undt nicht so viel freßen …

An Dieselbe

Versailles den 23. November 1672.

… O, mein liebe jungfer Uffel! wie kompt das einem rauschenplattenknechtgen so spanisch vor, wan man nicht mehr laufen undt springen darf, auch gar nicht einmahl in der kutzschen fahren, sondern alß in einer *chaise* muß getragen werden. Undt wan es baldt gethan were, so were es noch ein sach, aber daß es so 9 gantzer *monat* fort weren muß, das ist ein trübseeliger zustandt undt möcht ich schir sagen wie *printz Gustien* vor dißem zu heydelberg: großhoffmeisterin, ich möchte gern *patience* haben, ach wolt ihr mir wol *patience* geben, denn das ist waß ich itzunder am meisten nöhtig habe. Wan aber diß ey einmahl wirdt außgebrühtet sein, so wolt ich, daß ichs euch auf der post nach Osnabruck schicken könte, denn ihr versteht euch beßer auf diß handtwerck, alß alles waß hir im gantzen landt ist, undt bin ich versichert mit meiner eygenen *experientz*, daß es woll versorgt sein würde; aber hir ist kein kint sicher, denn die dockter hir haben der Königin schon 5 in die ander weit geholffen; das letzte ist vor 3 wochen gestorben, undt 3 von Monsieur, wie er selber sagt, seindt auch so fortgeschickt worden. Aber *apropo* von zucht: wan ihr mir waß wolt zu zichen geben, so müst ihrs mir baldt schicken, nehmblich einen *pagen*, denn morgen oder übermorgen wirdt einer von meinen pagen wehrhafft undt ich werde die stelle so lange offen halten, biß ich wider antwort von euch bekomme, ob ihr mir einen von eueren vetteren schicken wolt oder nicht, denn eine sache will ich euch nicht verhellen: ich kan nicht gutt davor sein, daß er, wofern er nicht *catholisch* ist, bey seiner *religion* wirdt bleiben, wofern dißes aber ursach sein solte, daß ihr euch scheuen würdet, einen von eueren verwandten hirher zu schicken, so bitte ich, ihr wolt doch ahn herrn presidenten Hammerstein fragen, ob er mir einen schicken wolte, denn ich habs ihm auch versprochen.

Versaille den 19. mertz 1674.

An Dieselbe

... Waß meinen kleinen rauschenblattenknechtgen ahnbelangt, so hat er den nahmen wol mit der that undt ist ein greulicher wiltfang, lacht undt will alß von einem ort zum andern getragen sein, wirdt itzt nach ostern erst einen rock griegen, denn man lest die kinder hir im landt schrecklich lang eingewickelt; alszdenn werden wir sehn, ob er baldt wird gehn lernen oder nicht. Er hat noch keinen entzigen zahn ... bitte, schreibt mir doch, wie viel man ihm *meledikents*bulver geben könte, wan ihm, da gott vor sein wolle, bey den zehnen das fieber ahnstieße, ob ein gran zu viel ist? weil er noch kein jahr alt ist. Er ist gottlob sehr lustig, kan aber noch nichts machen, altz ein näßgen, wie der elfte *printz* zu machen pflegte, wie er in dem alter war. Genung von dißem. Waß den andern springinsfeldt ahnbelangt, so jetzt auf halben weg ist, so macht er mir viel ungemachlichkeit, denn ich bin alle tag nach den eßen so kranck wie ein hundt, daß ich mich in zwey stunden nicht zu helfen weiß. Weillen ich euch von meinen kindern schreibe, muß ich auch waß von unserm kleinen Harling sagen. Er ist gar fromm undt artlich, die leutte, da er bey in kost ist, haben ihn sehr lieb undt tragen große sorge vor ihn. Er ist so fromm, daß er auch nicht einmahl mit der rutten ist getrewet worden; drumb hat er auch letztmahl gesagt, er möchte wol wißen, auf welch manir man die kinder in frankreich streicht. Er förcht mich so sehr, daß man ihn mit meinem nahmen alles thun macht, waß man will, denn ich predige ihm etlichmahl. Seitterdem ich nicht zu Paris geweßen, hat er sein teutsch vergeßen undt kan schir nichts mehr; weillen ich ihm aber drüber gezörnt, hat er ein buch gekauft undt lernts wider, denn wan er zu mir kompt, mach ich ihn seine gebete beten, umb zu sehen, daß er das beten nicht vergist.

An ihre Tante, die Kurfürstin Sophie von Hannover
Bodemann

Paris den 22. May 1675.

Gott sei lob undt danck, nicht so sehr, daß Er mich wider vom todt erlößet, sondern daß Er mir heütte Einmahl Ein tag bescheret, worinnen Ich Eure Liebden meine gantz demütigste dancksagung vortragen kan vor dero gnädiges brieffgen, worinnen mir E. L. mitt so gar großer güttigkeitt dero *affection* bezeugen undt die trauerigkeit, so E.L. undt *oncle* wegen meiner großen kranckheitt gehabt. Ich glaube auch vestiglich, daß *Monsieur, papa,* E. L. undt *oncle* mich eher vom fieber geholffen undt wider zu meiner vollkommenen gesundheitt gebracht haben, alß *mrs. Braye, Baylay, Lissot* undt *Esprit*, undt glaube, daß die freüde, mich von obgemelten betauert zu sehn, mehr meine miltz purgirt hatt, altz die 72 *clistier*, die mir letztere haben geben laßen. Die unerhörte mengte menschen, so täglich zu mir kommen sein, weillen sie mir alle so viel freundschafft In meiner Kranckheit Erwießen, haben mich verhindert biß auff heütte, zu antworten; hernach bin ich nach hoff, da seindt alle abschidt 8 gantzer tag nach Einander kommen, welche alle nach der *armée* gangen; dabey stehet man hier Erstlich umb halb 11 auff, gegen 12 geht man in die meß, nach der meß schwetzt man mitt denen, so sich bei der meß infunden; gegen 2 geht man zur taffel; nach der taffel kommen *damens*; dießes wehret biß umb halb 6; hernach kommen alle manßleütte von *quallitet*, so hir sein; den spilet *Monieur à la bassette* undt ich muß ahn einer andern taffell auch spillen, damitt alle, die da sein, hin undt her gehn können, oder ich muß die überichen in die *opera* führen, welche biß 9 wehrt, wan ich von der *opera* komme, dem muß ich wider spillen biß umb 11 oder halb 11, gen zu bett. Da kennen E.L. dencken, wie viell zeitt mir überig blieben. Hinfüro aber werde ich fleißiger sein. Den zukünfftigen Sambstag gehn wir nach *St. Clou*, alwo ich nicht so viel geselschafft haben werde, so mich ahn schreiben verhindern wirdt.

St. Clou den 14 september 1675.

An Frau von Harling

... Aber leider alle dise *divertissementen* seindt mir unerhört sauer eingetrenckt worden, denn den abendt alß ich herkam, welches eben just heutte 8 tag ist, fand ich meinen elsten sohn aufm todt, hatte eine greuliche Hitze, unerhörten durchlauf, undt alles waß man ihm zu eßen gab, kotzte er wider. Ich laß euch, mein hertzlieb fraw von harling, gedencken, wie mir zu muhte war; ich hab es mir so sehr zu hertzen gezogen, daß ich schir selber kranck drüber worden were. „Ach," sagte ich zu *Monsieur*, „wann ich Herr undt meister were, ich weiß woll, maß ich thete". „Waß?" sagte er. Ich antwortete: „Ich schickete meine zwey kinder nach Osnabruck in pension undt wolte die fraw von Harling, so meine Hoffmeisterin geweßen undt jetzt bey *matante* kindern ist, bitten, daß sie sorg vor sie tragen möchte, so weiß ich gewiß, daß ich meine kinder beym leben behalten würde." Denn umb die warheit zu sagen: auf die hießige auferzucht setze wenig vertrawen; aber mein unglück ist, daß ich es nicht thun darf, welches mich noch manche threnen kosten wirdt. heutte ist es, gott sey danck, waß beßer mitt ihm ... Ich bitte euch, sagt mir doch, waß euch davon deucht, denn wol kein mensch sich beßer auf kinder versteht alß ihr.

Paris den 2. October 1675.

An die Kurfürstin Sophie von Hannover

E.L. sehr wehrtes schreiben, so ich gestern entpfangen, hatt mich woll von hertzen erfreüet, weillen ich darauß erstlich ersehen, daß E. L.

mitt *oncle, princen* undt *patte* Gott sey danck wider glückliche ahnkunfft seind erfreüet worden, undt zum andern, daß E. L. allerseits so gnädig mitt mir zufrieden sein ... Ich habe vorgestern eine rechte lust gehabt, *mr. de la Trousse* zuzuhören, in waß *admiration* er von dießen 3 herren ist undt alles was er von ihnen rümbt, nicht allein ahn mich, sondern ahn alle menschen. Alle hoffleütte führen mir von ein tag zum andern von unßern hertzogen gefangene her, umb, wie sie sagen, *leur cour* bey mir zu machen, denn sie wißen jetzt alle, mitt waß vor lust ich von ihnen verzehlen höre. Gestern hatt man mir *mr. le chevallier de Sourdis* undt *Rochebrune* hergeführt, aber weilten ich eben in die statt fuhr, hatte ich nicht die zeitt, mitt ihnen zu reden, undt hab sie wider ahn einen andern tag bescheyden. Alle augenblick kömbt man in meine camer sagen: „*Madame, voilà encore des louanges de messieurs vos oncles et monsieur votre cousin*", das wehrt den gantzen tag durch. Ja *Monsieur* selber führt mir sie her, weillen er weiß, daß ich lust drin nehme; ja man meint, daß ich jetzt waß gar besonders sein müße, weillen ich 5 jahr bey E.L. geweßen, worauff ich, umb E.L. keine schande ahnzuthun, antworte, daß ich nicht zweiffele, daß, wan ich lenger dort geblieben were, daß ich woll beßer were erzogen worden, alß by jungfer Kolbin allein daß ich leider gar zu jung weg were kommen; ja der gantze hoff sieht mich drüber ahn und ich höre im vorbeygehn, daß man sagt: „*ses princes, qu'on loue tant là, sont oncles et cousin germain de Madame*", bin auch selber gantz hoffertig, wan ich ein brieff von C.L. bekomme, leße ihn 3 oder 4 mahl, undt insonderheit wo ich die meiste leütte beysamen sehe, den *ordinari* fragt mich einß, von wem der brieff komme? Dem sage ich über die axel: *de ma tante madame la duchesse Osnabruck*, den sicht mich alle menschen ahn wie ein kuh ein neü thor ...

St. Cloud den 30 may 1676.

An Frau von Harling

.... was mein großes unglück ahnbelangt, so hab ich woll gedacht, daß es euch meinethalben leidt thun würde; muß gestehen, daß ich es vor mein theil noch mit großer mühe verdauen kan, denn mir dießer fall gar zu hart ahnkommen ist. Ihr habt wol recht, mein lieb fraw von Harling, daß ihr sagt, daß je elter man wirdt, je mehr lernt man die weit kennen und verspüret alle verdrießlichkeiten, so man unterworfen ist, denn auch jetzt, da ich noch nicht von dießem unglück zurecht kommen, ist *Monsieur* nach der *armée*, alwo er mir schon tausent ängsten eingejagt hat, indem er sich, wie man mir von allen orten herschreibt, so unerhört in den zwey belagerungen von *Condé* und hernach von Bouchain gewaget, welche letztere er selber ahngefangen und gott sey danck in kurzer zeit eingenohmen undt glücklich volzogen hat. Undt nun hab ich wider eine andere sorg: man schreibt unß, daß viele leutte in der *armée* kranck werden, undt wie *Monsieur* nicht weniger alß die andern *fatigirt* undt oft über 24 stunden nicht vom pferde kompt undt nicht schläft, so ist mir angst, daß er endlich auch kranck wirdt werden, denn wie man sagt, so soll die *campagne* noch lange weren undt der König denckt noch ahn keine zurückkunft. O das ist ja ein gar langwirich verdrießliches weßen, welches einem woll, wie ich schon einmahl geschrieben, das rauschen vertreibet, undt die miltzkranckheit vor dem alter herbey bringet. Ich wünsche woll von grundt meiner seelen, daß wir baldt einen gutten frieden haben mögten, denn ich bin des Krieges so müde, alß wan ich ihn mit löffeln gefreßen hette, wie man alß pflegt zu sagen ....

Ich wolte, daß ich euch meinen jetzigen uberbliebenen *de Chartre* in einem brieff könte schicken, denn also were ich gewiß, daß er beym leben bleiben würde, aber so ist mir alß angst undt wolte gern ein jahr 3 oder 4 elter sein, damit daß ich dieß kint woll entwenet sehen mögte, denn das verstehen sie gar nicht hir im landt undt wollen sich auch nichts sagen laßen undt schicken also einen hauffen kinder in die andere welt, daß es nicht zu sagen ist, ich nicht weiß, ob sie es thun, weilen es so wunderlich in dißer welt zugeht, daß sie den armen kindern der mühe wollen entberen, der welt ellendt zu betrachten; aber ich glaube, daß es vielmehr auß thum- und nachläßigkeit geschicht, wie ich ein gar zu starckes *exempel* habe. Bey ewrer herschaft wie auch mein patgen bitte ich mein *compliment* zu verrichten.

St. Germain den 14. Dec. 1676.

An die Kurfürstin Sophie von Hannover

E.L. bitte ich demütigst umb verzeyung, daß ich In so langer ewiger zeit meine schuldigkeit mitt schreiben nicht abgelecht habe ... Erstlich zu Versaille, alwo wir den gantzen tag zu thun hatten, den morgents biß umb 3 nachmittags waren wir auff der jagt, darnach, wan wir von der jagt kommen, so kleite man sich anders ahn undt gingen 'nauff zum spiel; dorten blieb man biß umb 7 abents; von dar ging man in die *commedie*, welche umb halb 11 auß war, alßdan ging man zum nachteßen, vom nachteßen zum *bal*, welcher biß 3 uhr morgendts werte, undt dan zu bett.

Drumb laß ich E.L. selbsten gedencken, ob ich dortten zeitt zu schreiben gehabt habe; nachdem ich aber hieher bin kommen, hab ich alle tage antworten wollen, aber allemahl ist waß dazwischen kommen ...., insonderheit verdrießliche *vissiten*, die mich mein fall, so ich vom pferde gethan, auff den halß gezogen, welche *histori* ich E.L. doch verzehlen Muß. Wir hatten schon einen haßen gefangen und eine elster geflogen, derowegen ritten wir allgemach schritt vor schritt; mich deüchte, daß mein rock nicht recht unter mir war, drumb hilte ich stille undt bückte mich, umb mich zu recht zu setzen, undt in dem augenblick, daß ich in der *postur* bin, steht ein haaß auff, welchem alle nach jagen, undt mein pferdt, welches die andern jagen sicht, will auch hernach undt springt auff ein seit, alßo daß ich, die schon halb auß dem sattel war, fundt mich durch dießen sprung gantz auff ein seitt, ergrieffe in aller eyll den sattelknopf undt behilte den fuß im steigbügel, in Hoffnung, mich wider in den sattel zu heben; aber indem ich den sattelknopf ergreiffe, entfelt mir der zügel. Ich rieff einen, der vor mir war, daß er mein pferdt auffhalten solte; dießer aber kam mitt einer alzugroßen f*urie* auff mich loß undt machte also meinem pferdt bange, welches aber nicht faull war, sondern sich gar baldt auff eine andere seitte wentte undt durch ginge. Ich aber hilte mich feste so lang ich merckte undt sahe, daß die andern pferde nah bey mir waren; sobaldt ich mich aber alleine sahe, ließ ich mich algemach loß undt auff die grüne *blousse* fallen, undt dießes so glücklich abgangen, daß ich mich Gott sey danck nicht das geringste wehe gethan habe. E.L., die unßern König so sehr admiriren, daß er mir so woll in meinen Kints Nöthen beygestanden, werden ihn dan noch auch woll lieb haben in dießer *rencontre,* denn er war selber der erste bey mir so bleich wie der todt, undt ob ich ihm schon versicherte, daß ich mir gar kein wehe gethan undt nicht auff den Kopff gefallen were, so hatt er doch keine ruhe gehabt, biß er mir selber den Kopff auff alle seitten *vissitirt* undt endtlich funden, daß ich ihm war gesagt hatte; hatt mich selber hir In mein Cammer geführt undt noch etlich Zeitt bey mir blieben, umb zu sehen, ob ich auffs wenigst nicht taumblich were... Ich Muß sagen, daß der König mich noch täglich mehr gnade erweist, den er spricht mir überall zu, wo er mich ahntrifft, undt lest mich jetzt alle Sambstag hollen, umb *medianosche* mitt ihm bey *mad. de Montespan* zu halten. Dießes macht auch, daß ich jetzt sehr *à la mode* bin, denn alles waß ich sage undt thue, Es sey gutt oder überzwerck, daß *admiriren* die hoffleütte auch dermaßen, daß, wie ich mich jetzt bey dießer Kälte bedacht, meinen alten zobel ahnzuthun, umb wärmer auff dem halß zu haben, so lest jetzt jederman auch einen auff dieß *patron* machen undt es ist jetzt die größte *mode*; welches mich woll lachen macht, denn eben dieselben, so jetzt dieße mode admiriren undt selber tragen, haben mich vor 5 jahren dermaßen außgelacht undt so sehr mitt meinem zobel beschrieen, daß ich ihn seiderdem nicht mehr hab ahnthun dörffen. So gehts hir bey dießem hoffe zu, wen die *courtissans* sich einbilden, daß einer in *faveur* ist, so mag einer auch thun was man will, so kan man doch versichert sein, daß man *apropirt* werden wirdt, hergegen aber, wan sie sich daß *contrari* einbilden, so werden sie einen vor *ridicule* halten, wen er gleich von Himmel kämme ...

Versaille den 4. Nov. 1677.

An Dieselbe

... Ich gehe alle 2 tage und sehr offt 2 undt 3 tage nach einander mitt dem König auff die jagt, undt wir jagen hir nicht weniger alß zu *Fontainebleau*. Der lust von der hirschjagt ist unßerm König jetzt gantz auffs neue ahnkommen, deß bin ich recht froh undt ich folge ihm so offt es möglich ist, denn ich liebe die jagt ebenso sehr als Ihre Majestät undt das ist ein rechter lust vor ein rauschenblatten knecht wie ich bin, denn man darf sich da nicht viell butzen noch rott ahnthun alwie bey den bal.

An ihren Vater Kurfürst Karl Ludwig

22. nov. 1677.

Weilen ich seiter 3 *monat* her die gnade nicht gehabt habe, Eintzigen brieff von Euer Gnaden zu entpfangen noch Einiges Wort von E. G. zu vernehmen, so habe ich auß *Respect* auch nicht schreiben dörffen und geförchtet, daß meine brieffe E. G. importuniren mögten; jedoch so habe ich Ein kindliches vertrawen zu E. G. getragen und mir dero vergangene güte und gnaden, so ich jederzeit gespüret, dermaßen vor die augen gestellet, daß ich nicht anderß hab gedencken können, alß daß diese schlimme kriegszeitten hieran schuldig weren, E. G. aber nicht destoweniger dero vatterliche *affection* mir nicht entzogen, indem mein gewissen mir stehts vorstellt, daß ich mich dero gnade nicht unwürdig gemachet, seider der zeit ich nicht mehr so glücklich bin, E. G. *persöhnlich* auffzuwarten ....

Ich war auch willens E. G. nicht Eher zu schreiben, biß ich durch Eines dero gnädigen brieffen gleichsam die Erlaubnisß Entpfinge. Nun aber zwingt mich hierzu meine unterthänige kindliche *affection* und glaube, daß ich mich unwürdig machen würde aller gnade, so ich jemahlen von E. G. entpfangen und aller versicherungen, so E. G. mir von der vatterlichen zuneigung geben haben, wen ich E. G. nicht wissen thete, welch Ein wunderbar geschrey hier von E. G. geht, so vor I.M. des Königs und *Monsieur* ohren kommen, welches wie ich besorge E. G. auff die lenge in den gemühtern großen tort thun mögte, den man sagt, daß solches ohne *exempel* und Eine unerhörte sache seye. Man gibt vor, daß E. G. meinem bruder ohne ursach ungnädig sein, selbigen sozusagen wie Einen gefangenen halten, von ihm begehren, daß Er unsere fraw Mutter I. G. die Churfürstin überreden solle sich gutwillig von E. G. zu scheiden, und wofern sie sich dieses weigern, wolten E. G. *par force* eine andere gemahlin Nehmen und dermaßen böße schrifften von I. G. unßer fraw Mutter außgehen laßen, welche unß allen schimpflich sein würden. Ich gestehe, daß ich, die E. G. gütte gegen mein bruder und mir so offt gespüret, dießen Zeittungen schwerlich kan glauben zustellen, wie sehr man mich dießes auch versichern will, jedoch so bekenne ich, daß es mich in meiner seelen schmertzt dergleichen zu hören, und fürchte, daß wan *Monsieur* und I. M. der König selbst *persuadirt* sein mögten, daß E. G. Etwaß unterfangen, so unß schimpflich, Es nicht gut finden und Mittel suchen mich von einem *affront* abzuwaschen, umb der Ehren deren *alliance* würdig zu bleiben, welches vielleicht und wovon unß Gott behüten wolle, ärgere unglücke nach sich ziehen mögten, alß wan mein bruder ohne erben sterben und die pfalz in des hertzogen von Neuburgs hände kommen. Aber mein bruder undt seine gemahlin seindt noch jung, derowegen noch hoffnung. Drumb bitte ich E. G. auf meinen knien unterthänigst und umb Gottes willen, E. G. bedencken dieses recht, und wofern E. G. noch Ein fünklein dero vätterlichen *affection* vor meinen bruder und mich uberig haben, so Erbarmen sie sich doch unßer gnädigst, weillen ja, wofern dieß geschrei war ist, nichts anderes drauß erfolgen kan alß lautter unglück sowohl vor E. G. selbsten, als unß beyden. Vielleicht werden E. G. übel nehmen, daß ich so frey herauß schreibe, aber ich verlaße mich auf E. G. gerechtigkeit, welche mich nicht wird verdammen können, weilen mir hirinnen E. G. reputation viel mehr alß meine eigene zu hertzen geht, welches auch das Eintzige *motif* schier ist, so mich zu schreiben bewogen hat.

An die Kurfürstin Sophie von Hannover

St. Germain den 24. Nov. 1677.

E. L. wehrtes schreiben vom 26. Oct. habe ich zu endt der vergangen woche zu Paris entpfangen, undt weillen ich darauß ersehe, daß es E. L. lieb ist, daß *Corneille* seine *commedien* wider *à la mode* werden, so muß ich E. L. sagen, daß man jetzt die allerälsten nach einander spielt undt das ist der gröste spaß, den ich zu *Paris* hab, wenn ich dorten bin. Der arme *Corneille* ist so froh darüber, daß er mir versichert, daß es ihn so sehr verjüngt hette, daß er wider noch eine hübsche *commedie* vor seinem endt machen will; möchte wünschen, daß ich so glückseelig sein mögte, E.L. in dießelbe zu führen, aber ich förchte, daß der krieg lenger werden wirdt, alß deß gutten alten *Corneille* sein leben...

St. Germain den 11. Januari 1678.

An Dieselbe

... Wegen der histori vom *divorse* werde ich alle tage zu rede gestellt. Daß E.L. undt *oncle* über mich lachen, daß ich jetzt so gutt *catholisch* bin undt so viel vom *sacrement* des ehestandts halte, so schlegt mir aber solch *sacrement* woll genung zu, umb zu wünschen, daß es ewig wehren undt man kein mittel finden möge, selbiges zur scheydung, denn wer mich von *Monsieur* scheiden wolte, thete mir keinen gefahlen, drumb können E.L. woll dencken, daß mihr eine solche *mode*, wenn sie aufflammen solte, gantz undt gar mißfahlen würde undt wan es nöthig were, noch 3 *abjurationen* zu thun wie ich zu Metz gethan, umb zu *persuadiren*, daß der ehestandt ein *sacrement* sey undt derowegen nicht könne geschieden werden, so würden E.L. ahnstatt der einen noch 3 versigelte *promessen* bekommen. Ich mögte von hertzen wünschen, daß I.G. der Churfürst auch meiner Meinung weren, setze aber auch dazu, daß I.G. auch so vergnügt lebten als ich. Ich hoffe, mein bruder undt unßere *princes* werden sich einmahl der sachen laßen ernst sein undt unß durch ein kintgen auß allen dießen lermen helffen ...

St. Germain den 24. Julli 1678.

An Dieselbe

... Ich habe alle E. L. brieffe wol entpfangen, wenn aber auch E.L. letztes schreiben in andere Hände alß die meinige gerathen weren, so können E.L. doch versichert sein, daß man sie wegen der poßen, so drinnen stunden, nicht würde vor dörigt gehalten haben, denn E.L. *reputation* ist hir gar woll *establirt* in alles, aber insonderheit auch waß den verstandt betrifft; zudem auch so ist man nicht so *delicat* hir im lande, sondern man spricht all frey genung von allerhandt natürliche sachen. Ich weiß ein *galand*, welchen ich aber nicht nennen will noch darff, welcher alß mitt seiner *maitresse* auffn kackstul geht undt wan eins von ihnen seine sachen verricht hatt, dan setzt sich das andere drauff, undt *entreteniren* einander auff dieße weiße. Undt ein ander par kenne ich auch, die einander alß vertrawen, wenn sie ein *clistier* nehmen undt von nöhten haben; ich habe solches mitt meinen eygenen ohren gehört undt der liebhaber bekente, daß er solches von nöhten, weillen er den abendt zuvor zu viel gefreßen hette, so ihm ein groß magenwehe verursagte, drumb wolle er ein *clistier* nehmen, umb desto beßer wider zu mittag zu eßen, ohne *desgoust*. Wenn das Teütsche theten, wie solten die *Frantzossen* lachen, aber weillen sie es selber thun, so ist es gar hofflich. Noch etwaß muß ich E.L. verzehlen, so mir ahm anfang sehr frembt ist vorkommen: man redt hir ohne schew von jungfer *Catherine*, undt die Königin, so so eine erbare fraw ist, spricht ahn offendtlicher taffel mitt allen manßleütten davon...

An Frau v. Harling

Den 20ten August 1678.

Im ubrigen so schicke ich Euch hiebey daß versprochene schächtelgen, worinnen ich mein berenkatzenaffengesicht ein gespert, weillen ich gedacht, daß solches euch, mein lieb jungfer Uffel, nicht unangenehm sein würde. Sie wollen Einen hir alß hübscher mahlen alß man ist, drumb haben sie mich fetter gemacht, als ich in der that bin, wie ihr sehn werdet. Daß Es aber nicht sehr gleicht, ist meine schuldt nicht, denn ich hab mich Euch zu gefahlen Einen ganzen nach mittag dahergesetzt, umb mich mahlen zu laßen, welches gar nicht *Divertissant* ist, aber vor seine freunde undt insonderheit freunde, die man *obligirt* ist, wie ich Euch bin, thut man woll waß, das man sonst nicht thete.

St. Clou den 24. September 1680.

An die Kurfürstin Sophie von Hannover

Ob meine augen mir zwar vom viellen weinen so wehe thun, daß ich kaum recht drauß sehen kan undt also große mühe zu schreiben habe, so habe ich doch unßern printzen nicht weg können laßen ohne ihm ein schreiben ahn E.L. mitt zu geben, undt ob zwar meine trauerigkeit undt schmertzen über den abscheülichen verlust, so wir gethan, über die maßen ist, so deücht mir doch, daß sich mein hertz ein wenig erleichtert, ahn jemandes zu schreiben, so eben so betrübt ist alß ich bin undt dießes große unglück mitt mir theilt. E.L. aber zu sagen was ich entpfinde undt wie mir tag undt nacht zu mußte ist, were woll schwerlich zu beschreiben, aber E.L. können solches leyder woll bey sich selbsten abmeßen. Nun ich sichere gelegenheit habe, kan ich auch frey herauß reden, muß derowegen sagen, daß E.L. noch glücklicher sein alß ich, denn ob sie schon eben so viel verlieren, so seindt sie doch nicht *obligirt*, bey denjenigen zu leben, welche ohne zweyffel ahn I.G. des Churfürstens seeliger todt ursach sein durch den *chagrin*, so sie ihm gegeben, undt dießes ist mir hartt zu verdauen. E.L. sagen mir in dero letzten gnädiges schreiben, daß sie sich mitt mir erfreüen, daß ich bey dem König bin, bey welchem ich so gerne bin; ja ehe er *papa* so verfolgt hatte, gestehe ich, daß ich ihn sehr lieb hatte undt gerne bey ihm war, seitterdem kan ich E.L. woll versichern, daß es mir sauer genung ahnkommen ist undt hinfüro mein leben lang ahnkommen wirdt, ja ich hette mich auch nicht dazu *resolviren* können, wenn er mir nicht selbst zu *Fontainebleau* versprochen, daß er es beßer machen undt endern wolle, im fall ich nur woll mitt ihm lebte, undt auß dießer ursachen hab ich in wehrender reiße mein bestes gethan, welches mir aber leyder nicht gelungen ist, wie E.L. sehen. Wenn mich Gott der allmächtige so glückseelig machte undt zu *papa* zöche, könt mir woll nicht beßer geschehen, denn mein gantzes leben kan hinfüro nicht anderß alß ellendt sein, wie E.L. woll selber sehen. Wolte Gott auch, daß ich mitt dem printzen zu E.L. dörffte, denn ich wolte lieber mitt E.L. weinen, alß hir bey allen den lachenden gesichtern zu sein, welche mir denn, wo es möglich were, meine trauerigkeit noch überheüffen. Ich glaube auch, daß I.L. der *printz kein regret* hatt, dieß landt zu *quittiren*, undt daran haben S.L. woll groß recht...

An ihren Stiefbruder den Raugrafen Karl Ludwig Holland † 1688

St. Clou den 25. Aprill 1681.

Hertzallerlieb Carllutz, es ist zwar war, das ich seyder unßer aller so abscheülich unglück undt schleünigen todt I.G. deß churfürstens, unßers Herren vattern, 3 brieff von Eüch entpfangen ..., habe aber solche auß nachfolgende ursachen nicht beantwortet, erstlich weillen ich damahlen, nehmblich alß ich Eweren ersten brieff entpfangen, schon ahn meinem bruder Ewer aller wegen geschrieben undt derowegen seiner antwort erwarttet, zum andern alß ich solche eben nicht dermaßen gefunden, alß ich es für Eüch gewünscht, habe ich noch zwey mahl ahn meinem bruder undt auch an I.G. die churfürstin, mein fraw mutter, geschrieben undt Eüch zum besten undt starck recommandiret, Ewere geschwisterig all ins gemein undt Eüch noch absonderlich. Dießes alles aber, wie ich sehe, hatt

Eüch leyder mehr geschadt, alß genutzt. Die churfürstin, mein fraw mutter, ist gar raisonable undt scheynet gar nicht erbittert zu sein; mein bruder aber, wie sie mir geschrieben, ist gar übel mitt Eüch zufrieden. In meinem letzten brieff, den ich ihm geschrieben, habe ich ein lang capitel von Eüch gehalten, ihn auch gebetten, das er mir doch sagen möge, worumb er böß auff Eüch seye, sintemahlen ich Eüch, wie Ihr hir wahret, in solchen gutten sentimenten vor ihm gesehen, daß ich unmöglich glauben könte, das Ihr seyderdem etwas gegen ihm hettet thun können, so ihm zuwider were, könte derowegen nichts anderst hirauß urtheillen, alß das er jemandes bey sich haben müste, so Eüch einige böße officien müste geleistet haben, hätte ihn derowegen, mir alle ursachen zu schreiben, so er über Eüch zu klagen hette; den ich versichert were, das ich Eüch leicht bey ihm justificiren würde. Auff dießen brieff hatt er mir aber gar nicht geantwortet, auffs wenigst biß auff dieße stunde nicht. Dießes ist gar ein böß zeichen undt alles, was ich Eüch hirauff sagen kan, ist, das es mir von grundt meiner seelen leydt ist, das es Eüch übel geht, undt wen es mir möglich were, Eüch besser zu dinen, alß ich es bißher gethan, wolte ich es von hertzen gerne thun; mehr aber alß ich bißher gethan, ist unmöglich; den ich habe mir dadurch schir meiner fraw mutter undt meines bruders unwillen überem halß gezogen. Nun aber ist nicht anderst zu thun, alß das Ihr Eüch gedulden müst; den mein fraw mutter schreibt mir selber, das sie glaubt, das mitt der zeit mein bruder gegen Eüch endern wirdt. Sie sagt auch, das er Ewere schwestern lieb hatt; drumb werden sie Eüch dortten auch woll gutte officien leisten können. Unterdessen aber rahte ich Eüch, die gelegenheit nicht auß der handt zu lassen, so Eüch oncle offerirt, bey ihm zu bleiben. Geht derowegen nur in gottes nahmen nach Hannover! Undt weillen ich glaube, das Ihr wegen Ewerer langen reiße woll waß gelt von nöhten habt, so schreibt mir nur, so baldt Ihr zu Hannover werdet ahnkommen sein, so will ich Eüch ein wechselbrieffgen von 800 pistollen schicken, welches ein rest ist von dem gelt, so mir der könig vergangenen neüjahrstag geben. Hette ich mehr, wolte ichs Eüch von hertzen gerne schicken; unterdessen aber, hertzlieb Carllutz, müst Ihr den willen vor das werck nehmen undt gedencken, das, wen es bey mir stünde, Eüch glücklich zu machen, das ich kein augenblick verseümen würde. Das glaubt nur vestiglich! Den ich sag es Eüch ohne complimenten. Es bleibt mir nun nichts mehr überig, alß Eüch zu sagen, warumb ich endtlich noch nicht eher, alß nun auff Ewerem 3ten undt letzten brieff geantwortet. Die ursach ist, das wir 8 tag den gantzen hoff hir im hauße gehabt haben. Ihr, der diß gethuns hir gar woll kent, könt jetzt leicht errahten, warumb ich in der zeit nicht geschrieben. Ein tag war bal, ander tags commedie undt seindt 3 mahl auff die jagt. Segt jetzt, was vor zeitt mir hatt überig bleiben können! Aber weillen Ihr, wie schon gesagt, alles dießes gethuns eben so woll alß ich selber wist, so will ich Eüch nicht lenger damitt auffhalten, sondern von waß anderst reden. Oncle ist, gott sey danck, wider in vollkommener gesundtheit zu Hannover ahngelangt ... Adieu hertzlieb Carllutz! Glaubt das niemandes in der welt Eüch lieber hatt, alß ich, undt wo ichs Eüch werde erweißen können, werde ichs von hertzen gerne thun; den biß in todt werde ich Ewere trewe freündin verbleiben. Vielle undt manche ursachen verbinden mich hirzu, insonderheit aber das vertrawen, so Ihr mir erweißt. Wen der könig fort fahret, mir alle jahr zu geben, wie diß jahr, solt Ihr es gewiß, wen Ihrs von nöhten werdt haben, mitt entpfinden. Adieu!

Elisabeth Charlotte.

Versaille den 21. Julli 1682.

An die Kurfürstin Sophie von Hannover

... Ich hoffe zwar, daß E.L. mir woll die *justice* thun, solches zum voranß zu glauben, allein so tröst es mich doch, wenn ich gelegenheit finde, E.L. solches zu sagen; undt trost hab ich hoch von nöhten, denn ich bin wider so leünisch wie ein alter hundt, undt ich glaube, daß seyder ein jahr hir der teüffel sich in menschliche gestalt verwandelt hatt, umb mich auß der hautt fahren zu machen, undt zu erlernen alles was die teüffelische undt menschliche falschheit vermach, undt hirin bin ich nun so *perfect* gelert, daß meine lehrmeisters mich nun woll einmahl in ruhe solten laßen, denn ich weiß nun gar zu woll undt *experimentire* solches nur täglich gar zu viel, was lügen sein, woran nicht ein eintziges wort wahr ahn ist, was viel versprechen undt nichts halten ist, was gutte minen sein, wen man einem den grösten *affront* von der welt *preparirt* undt einem heimlich die ehre abschneit, ja was es ist, sich ahnzustellen, alß wenn man waß bößes von einem glaube, da man doch in dem grundt alles viel beßer weiß, waß es endtlich ist, sich verwundern, worumb man trawerig ist, solches ahn alle menschen fragen, da man doch in seinem gewißen weiß, daß man täglich undt stündtlich ursach dazu gibt. Aber wenn ich alles so nach einander sagen solte, was ich seyder ein jahr her erfahren habe, würde mein brieff nicht allein gar zu lang werden, sondern E.L. auch gar zu langweillig zu lesen fallen; will derowegen dießen *discours* fahren laßen undt von was anderst reden. Mein bößer *humor* würde mir woll baldt vergehen, wenn man mir erlauben wolte, E.L. ein zeit lang auffzuwarten, aber dieße freüde darff ich mir nicht machen, muß also dießen *Text* auch *quittiren*, sonsten werden mir die grillen noch ärger im kopff steigen, alß sie schon sein. Wovon soll ich E.L. den weitters *entreteniren*? …

Versaille den 12. September 1682.

An Dieselbe

… Damitt ich nun aber ordentlich antwortte, so muß ich E.L. sagen, daß leider die ritterische schar ihre böße ahnschläge gar nicht fehlen, sondern alles was sie nur vor teüffelische ahnschläge haben, die gehn ihnen von statten, wie E.L. woll sehen. wolte taußendtmahl lieber in einem ort wohnen, wo böße geister undt gespenster regireten, denn denen ließe unßer herr Gott keine macht über mir; dieße verfluchte ritters geister aber, so nur gar zu viel fleisch undt bein haben, denen lest der König undt *Monsieur* alle boßheit zu, so nur zu erdencken sein; welches ich täglich nur zu gewahr werde, undt obschon der ritter dem großen mann seinen sohn *debauchirt*, abscheülich von seiner tochter gesprochen undt mich täglich verfolgt, so geschicht ihm doch über diß alles nichts undt ist schir beßer dran alß andere, so nur ihren weg fortgehen. Ach wolte Gott, daß E.L. wunsch wahr würde undt daß ihn *Lucifer* baldt in sein reich nehmen mögte, aber weillen er sich alleine fürchten mögte, so wünsch ich ihm zu dießer reiße noch einen gesellen, nehmlich den *marquis d'Effiat*, welcher woll den weg wißen kan, denn auß seinen erschrecklichen laster undt sonsten noch boßheit kan ich nichts anderß urtheillen alß daß er schon des *Lucifers* unterthan muß geweßen sein, auch ehe er menschliche Gestalt ahn sich genohmen hatt undt sich hieher begeben, umb mich hir auß der haut fahren zu machen ... In dießer letzte sache ist es mir gar zu nahe gangen, daß man mir ahn meine ehr undt *reputation* gegriffen. Ich habe *mad* [lle] de Theobon sehr lieb undt hette mich woll hertzlich geschmertzet, daß man sie von mir thut, indem ich sie sehr trew vor mich befunden undt stehts gar ein groß *attache* vor mich gehabt hatt, welches ich ihr mein leben danck wißen werde; allein so hette ich mich doch eben so erschrecklich nicht betrübet, sondern die sach eben auffgenohmen alß wie man mir die *mareschalle Clerembeault* undt *Beauvais* weg gethan hatt, welche auch in der that kein ander *crime* hatten alß daß sie mir trew waren undt gerne bey mir, eben wie Theobon. Damitt aber dieß letzt stückel, so meine feinde mir ahngethan, desto mehr krafft hette, so haben sie es mitt nachfolgenden umbstenden bestickt: nehmblich sie haben 3 *monat* vorher das geschrey außgebreitet, daß ich eine *galanterie* hette undt daß Theobon meine brieffe trüge, undt hernach machen sie, daß sie *Monsieur* wegjagt auff einen stutz, mitt befehl, daß sie ihr leben kein comers mehr mitt mir haben solle, undt der *chevalier de Beuvron* wirdt mir weggejagt auß forcht, daß ich ihn sprechen mögte, umb *commissionen* ahn *Theobon* zu geben. Ich laße E.L. jetzt gedencken, was alle welt davon *judiciren* kan undt ob es mir nicht schmertzlich ist, mich gantz unschuldig zu wißen undt doch eine solche schande zu erleben, ohne daß man mich einmahl ahnhört, ob ich mich rechtfertigen kan oder nicht, wie sehr ich auch drumb mitt threnen gebetten ... Wolte

Gott, es were mir erlaubet, alles zu *quittiren* undt daß ich E.L. mein leben auffwarten müste: allezeit würde niemandes *assiduer* sein alß ich undt darvor gern alle hießige *grandeurs quittiren*; sie kommen einem gar zu thewer ahn. E.L. dencken, wie ich muß verendert sein undt wie sehr mir alle die schimpff müßen zu hertzen gehen. Ich bin *resolvirt* geweßen, mein leben zu *Maubuisson* zu schließen undt hab den König 3 tag *continuirlich* drumb geplagt, auch so, daß er mir endtlich gesagt hatt, daß er sich *absolutte* dagegen *opposiren* würde undt daß ich mir solches auß dem kopff schlagen solle, denn er die tag seines lebens nicht drein *consentiren* würde, es möge mir auch begegnen was da wolle ...

St. Clou den 19. September 1682.

An Dieselbe

Damitt aber E.L. noch desto beßer dieße *historie* verstehen mögen, so muß ich E.L. sagen, daß, wenn ich mitt dem König auff die jagt reitte, so reitte ich geratt hinter dem *capitaine* von der *guarde* also, daß ich von alle *officiren* stehts umbringt bin, welche mir denn alle dienst thun wo sie können, undt das ist alle kuntschafft, so ich mitt ihnen habe; allein E.L. wißen woll wie ich bin: wenn ich einmal jemandes kenne, so rede ich frey mitt ihnen, wie ich denn all mein leben gethan habe; nun wollte das unglück, daß ahn einem faßelabent, da alle menschen in *masqen* waren außer ich, so nicht dabey sein konte noch wolte, weillen ich noch in der trawer war von J.G. dem Churfürsten, seelig; andern abends aber bey der Königin ihrem spiel saß ich wie *ordinaire* undt umb den Tisch stunden alle hoffleütte wie alle abendt; da wurde ein streit im spiel, geratt hinter mir stundt ein *officier* von der leib *guarde*, so man den ritter von Simsen nent; ich trehte mich herumb, wie er nun ein großer spieller ist, undt fragte ihn, was er von der sach *judicirt* hette? In dem augenblick kompt mad. de Grancay zu mir undt fragt mich, ob ich die menschen kene, mitt welchem ich spreche. Ich antworttete: wie ist es möglich, daß ich ihn nicht kenen solle, ich sehe ihn alle tag auff der jagt neben mir reitten wie alle seine cammerrahten undt ist ebenso höfflich wie die andern, umb mir meine pferde zu hollen. Sie sagte: so ist er denn von Ewren freünden. Ich sagte: worumb fragt ihr mir das? Sie sagte: ich frag es, weillen ich gerne eine sache wißen mögte. Ich sagte: welche? Sie antwortete: warumb er mir gestern ein *affront* gethan hatt beim *bal* undt mich so vor alt ahngesehen, daß er mitt aller gewalt gewolt hatt, daß ich nicht mehr tantzen solle; das muß er jemandes zu gefahlen gethan haben. Ich sagte: wie ich nicht beym *bal* war, kan ich nicht wißen, was dar vorgangen ist, allein wenn ihr wolt, so will ichs ihm fragen. Sie sagte, es were nicht von nöhten, weitter dachte ich ahn dießen handel nicht, denn ich meinte, daß es der mühe nicht wehrt were. Ein par *monat* hernach sagt man mir, ob ich woll wüste, was vor ein geschrey zu *Paris* ginge? Ich sagte: nein. Man antwortet mir, mad. Grancay beklagte sich, daß ich ihr durch den *chev. de Sinsanct* habe einen *affront* thun laßen undt daß selbiger chevallier es gethan, weill er gar großen willen hette, mir zu gefahlen. Ich lachte hirüber undt sagte, es weren sottisen, worauff ich nicht antworten wolte. Noch ein par *mont* hernach sagt man mir, daß man noch von dießem kerl undt mir spreche; ich dachte, daß es narretheyen weren, wie vom ertzbischoff, undt daß ich nur meines wegs fortzugehen hette wie *ordinarie*, hörte auch weitter nichts hievon, alß wie wir vergangen jähr wider auß Teütschlandt kommen, da sagte mir der König, daß er gewiß wüste, daß meine feinde einen bößen *complot* gegen mich gemacht hetten undt daß sie *Monsieur* wolten glauben machen, daß ich eine galanterie hette. Ich antwortete: E.M. wißen woll, daß es nicht wahr ist, also wenn sie nur die gütte vor mir haben wollen, diejenige vor sich kommen zu laßen, so sie wißen, so mir dießes auffbinden wollen, undt ihnen ernstlich zu sagen, daß E.M. es gar übel nehmen, daß man so auff mich liegt, undt daß, wenn sie so keck würden sein, zu unterfangen, mich mitt *Monsieur* zu *broulliren*, so wolten E.M. sich meiner ahnnehmen … Ich war 3 oder 4 tag sehr *melancolisch* und wußte nicht, wie ich die sach recht ahnfangen solte, dachte aber in meinem sinn: das beste seye, meines wegs hinzugehen undt gar nicht mehr mitt dießem menschen zu reden undt wofern mich *Monsieur* ferner plagte, umb zu wißen, worumb ich so trawerig seye, ihme die fache teütsch herauß zu sagen außer daß ich solches vom König wüste, denn der König hatte mir *absolutte* befohlen, ihn nicht zu nenen. Etliche tag hernach fragte mich *Monsieur* wider, warumb ich so *melancholisch* were. Entlich sagte ich ihm alles, nehmblich daß man mich gewarnt hette, daß meine feinde, so bey ihm weren, die *Gourdon* zu ihm schicken wolten, ihm alles zu sagen. *Monsieur* stehlte sich gar frembt von der sach undt sagte, daß es unmöglich were, daß jemandes das vorhaben hette, undt daß man mir nur den *advis* geben hette, umb seinen freünden böß *officien* bey mir zu leisten, daß, wenn ich nur das hette so mich quelete, so könte ich woll ohne sorgen sein, denn er glaube nicht, daß ich jemahlen *coquet* sein könte, also solte ich nur in ruhen sein, denn, wenn schon jemandes so *impudent* sein könte, es sey *Gourdon* oder wer es wolle, ihm dergleichen *avisen* zu geben, so wisse er gar woll, was darauff zu antworten seye. Ich meinte, daß was er mir sagte von hertzen ginge, gab mich also gantz wider zur ruhe undt verzehlte alles dem König mit freüden, welcher mir sagte, daß er glaube, daß meine feinde ihm solches nur hetten zu wißen thun laßen, umb ein zu machen, undt daß er sichs gar *bon gré* wiße, mir davon gesprochen zu haben, damitt alles zu einem gutten endt außschlagen möge. Ein *monat* nach dießem handel sagt mir jemandes von meinen freünden, daß meine feinde toll undt raßendt weren, daß ihr ahnschlag nicht ahngangen were, hetten derowegen einen raht gehalten, worin *mr. d'Effiat* geschloßen, daß, weillen ich gar nicht mehr mitt dem *chev. de Sinsanct* spreche, so müste man jetzt das geschrey außgehen machen, alß wenn ich ein heimblich *commers* mitt ihm hette undt daß Theobon unßere brieffe trüge. Aber, sagten sie, damitt das stück desto beßer ahngehen mag, so muß weder *chev. de Loraine* noch *d'Effiat* noch *mad. de Grancé* nichts von *Madame* ahn *Monsieur* sagen, sondern solches als zeittungen von *Paris* durch die dritte undt vierte handt sagen laßen. Ich war sehr *ambarassirt*, als ich dießes hörte, denn ich dachte: sag ich dieß ahn *Monsieur* undt daß sie es dan gleich wider gewahr werden, so werden sie das vornehmen laßen undt sagen, daß ich auß boßheit undt haß ihnen dießes auffbunden; undt weillen *Monsieur* mir so hoch versprochen, daß er keinen glauben zustellen wolle in alles was man ihm auff dießen *text* von mir sagen könte, also habe ich zu meinem unglück still davon geschwigen. Also sein noch ein par *monat* verfloßen; *Monsieur* sagte mir nichts undt ließ sich nichts mercken, biß daß der König her nach *St. Clou* kame, da stelte er sich gar *froid*. Ich meinte eine zeit lang, daß es were, weill er mit den frembten im hauß *occupirt* were; entlich aber sagt mir wider jemandes, daß meine feinde solche schandliche sache von mir außbreitten, daß es nicht zu sagen were, undt daß sie sich nicht vergnügten, von der alten sache zu reden, sondern daß sie auch sagten, daß ich dem *admiral* nachlieffe. Ich sagte solches dem König; der König lachte nur drüber; ich sagte: vielleicht macht das *Monsieurs froideur*. Damahls sagte mir der König nichts, etliche tag hernach aber auff der jagt sagte er mir, daß ich groß recht hette, in sorgen zu sein, denn *Monsieur* were sehr *iritirt* auff mich undt *Theobon* undt daß *Monsieur* ihn gebetten hette, mir einen *effront* auff der jagt zu thun, welches er ihm aber rundt abgeschlagen hette undt dabei gesagt, daß er *tort* hette, indem er selber seine handt woll ins fewer vor mich legen wolte, daß ich nichts gethan, so *Mons.* mißfahlen könte ... Der König sagte mir, er bätte mich sehr, nichts von ihm zu sagen, indem er *Mons.* versprochen hette, mir solches nicht zu sagen; aber wenn ich seinen raht folgen wolte, so solte ich mich nur zufrieden geben, meine feinde undt ihr geschwätz *meprisiren*, welches ich, wie er sagte, desto beßer thun könte, indem er undt alle ehrliche leütte in Franckreich sehr von meiner *vertu* versichert weren undt dießen naretheyen keinen glauben zustelten, sondern nur drumb lachten, undt daß *Mons.* es im grundt auch woll nicht glaubte, allein daß ich woll wüste, wie er were, wenn ihn dieße leütte, so meine feinde seindt, *obsedirten*, undt daß ich nur gedult haben müste. Alß ich dießen *discurs* hörte, dachte ich woll, daß ich nirgends wenig hülff zu hoffen hette, wurde derowegen so *melancolisch*, daß ich mich *resolvirte*, mein leben bey *ma tante* zu Maubisson zu schließen; undt wie ich zu ihr kam, sprach ich ihr davon, allein damahl konte ich I.L. nicht *persuadiren*, daß es mein rechter ernst were, sondern sie meinte, ich vexirte. Also ist noch etlich zeit hingefloßen undt unterdeßen ist *mr. de Verneuil* gestorben undt der König hatt das *gouvernement* seinem bastart, dem duc du Maine geben. Gleich drauf kam das *esclat* von der *historie* von *mr. de Vermandois*; damahlen sagte ich zu *Theobon*: waß gilts, ihr undt ich werden die bezahlung vor das *gouvernement* sein undt alles was man den leütten thun wirdt, wovon der König nun *malcontent* ist. Ich habe leyder nur gar zu woll geprophezeidt, denn wie der König nicht wolte, daß der ritter mitt ihm auff die jagt solte, wohin er nur kommen war, umb mich zu *braviren*, da ging *Mons.* zu *mad. de Maintenon* undt *lamantirte*, der König hette weder *amitie* noch *consideration* vor ihn, indem er die leütte übel *tractirte*, die er lieb hette ... kurtz hernach fandt ich den König gantz verendert; wenn ich ihm von meinen sachen redete, gab er mir kurtze bescheydt undt sprach gleich von waß anderß. In der zeit kamen die hendel mitt dem *princen* von *Conti* undt *chevallier de Loraine*, da gingen meine feinde hin undt sagten zu *Monsieur*, *Theobon* undt ich hetten den *princen* gegen den ritter auffgereitzt, da ich doch mitt Gott undt dem *prinzen* selber bezeügen kan, daß mir solches mein leben nicht in sinn kommen ist, noch *Theobon* auch nicht, allein *Monsieur* hatt es doch auch so glauben wollen. Etliche tag hernach hatt man das geschrey gehen machen, daß ich mein *contrefait* mitt fünfhundert *pistollen* hette ahn den ritter von *Sinsen* geschickt in *Theobon* brieff. E.L. können woll gedencken, daß dießes eben so wahr wie der *rest* ist, allein ich kan doch nicht erdencken, wie man solches glauben kan, da ich doch nie so viel gelt in meinem vermögen habe außer dem ersten tag im jahr; allein weil solches mich verunehren kan, muß man thun, alß wenn man es glaubt, undt auff diß geschrey jagt man *Beuvron* undt *Theobon* auff einen stutz weg, mitt befehl, daß sie ihr leben kein *commers* mitt mir haben sollen, undt mitt verbot ahn alle *domestiquen*, keine von meinen brieffen ahn ihnen zu bringen. Nun batte ich den König, mir zu erlauben, zu *Maubisson* mein leben zu enden, denn weillen ich nirgends keine hülff gegen der betrengung meiner feinde fünde undt *Mons.* so *facille* were, sich bereden zu laßen, mir einen *affront* zu thun, so ihn selber mitt beschimpffte, so könte ich mich hinfüro nichts alß alles unglücks erwartten undt aller schande undt unehre; derowegen undt auch umb I. eine *importune creatur* vom halß zu bringen, umb *Monsieurs* haß zu dempffen, aller weit ein trawerig *object* zu benehmen undt mir selber ruhe zu schaffen, seye nichts beßeres alß was ich I.M. von *Maubisson proponirte* ... Ändern tags schickte *chevalier de Loraine, d'Effiat* undt *mad. de Grancay* zu mir undt ließen mir sagen, daß sie *au desespoir* wehren, in meinen ungnaden zu sein undt bäten mich unterthänig, ihre *soumissionen* ahnzunehmen, undt daß sie mir versprechen wolten, hinfüro so woll zu leben undt nach meinem gefahlen, daß ich mich nicht gereuen würde, ihnen verziehen zu haben. Ich antworttete, daß sie vier *monat* woll hetten leben können, da ich mich doch täglich überlautt über sie beschwehret hette, daß jetzt ich auch wider ein wenig Zeit haben müste, mich zu erhollen undt ahten zu schöpffen undt daß ich ihnen mitt ehestem meine antwordt würde zu wißen thun laßen; ging darauff zu *mad. de Maintenon* undt sagte, ich bäte sie, sie solle doch I.M. dem König von meinetwegen sagen, daß meine feinde mir dieße *proposition* hetten thun laßen, daß *Monsieur* mir kein wort von ihnen gesprochen hette, undt weillen I.M. *garand* von alles weren, deüchte mir, daß ich ohne seinen raht undt *ordre* nichts thun könte; daß sehr zu beförchten were, daß man mich wider betriegen wolle wie vor 4 jahren, undt zudem daß ich auch In mir selbst fünde, daß ich mich mitt gar großer mühe würde mitt leütten *accommodiren* können, so meine ehre *attaquiret* haben...

Paris, den 24. November 1682.

An Dieselbe

.... Weillen aber meine feinde so unverschämbt seien, sich meiner eygenen *domestiquen* zu gebrauchen, umb lügen undt falsche brieffe gegen mir zu schreiben, so nimbt es mich gar nicht wunder, daß sie erdachte *historien* von mir in Teütschland, ja in die gantze weldt schreiben lassen. Ich kan E.L. mitt Gott, dem gantzen hoff undt allen meinen leütten bezeugen, daß ich *Monsieur* in aller meiner betrübnuß nicht ein eintzig böß wort geben noch das geringste vorgeworffen habe, noch hinterwerts von ihm gesprochen, *contrarie*, ich habe mir eine eigene *estude* gemacht, mich vorzusehen, umb ihm nichts zu sagen, so ihm mißfahlen könte, undt wenn er auff mich stichelt, schweig ich maußstill; zudem wie kan ich ihm seiner gemahlin todt vorgeworffen haben, da ich doch mehr alß jemandes in der welt *persuadirt* bin, daß dieße that ohne sein wissen geschehen ist. Das gestehe ich woll, daß ich einmahl gesagt: ahn meinem todt were kein großer schadt undt ich achte das leben nicht genung, umb den todt zu förchten. Das ist alles was ich auff diesen *text* ahn *Monsieur* gesagt habe, bitte E.L. derowegen demütigst, keine so böße *opinion* von mir zu schöpffen; zu glauben, daß ich mich durch *caprice* undt bößen *humor* solte unglücklich machen, denn wenn ich glauben solte, daß E.L. undt *oncle* in der that ein solches von mir meinten, würde mich dieses *melancolischer* machen, alß all mein Unglück undt verdruß, so ich bißher außgestanden. Ich weiß nicht, worumb die leütte sagen wollen, daß *Mons.*, undt ich wie hundt undt katze leben, indem wir doch alle *dehors* über die maßen *observiert* haben, auch in der that nicht gezanckt, denn alles was vorgangen, da war der König derzwischen undt hatt einem undt andern zugesprochen, wir aber, nehmblich *Monsieur* undt ich, haben von allen *indifferenten* sachen gesprochen, alß wenn nichts vorginge; aber, wie ich schon gesagt, wenn man nicht vorgebe, daß es meine schuldt ist, daß man übel mitt mir lebt, so würde man sonsten nichts zu sagen haben undt gestehen müssen, daß mir unrecht geschehe undt daß man mir gewalt ahnstatt recht gibt; aber dießes alles wirdt *Carllutz* E. L. mündtlich außlegen können . ...

An die Kurfürstin Wilhelmine Ernestin von der Pfalz

Versaille den 6. december 1682.

.... Bleibt mir also nichts alß dieße stunde überig; den morgen gleich nach des königs meß muß ich mitt I. M. auff die jagt, undt nach der jagt wirdt es waß spät sein zu schreiben; den es ist wider *jour d'appartement*. Damit E. L. aber begreiffen mögen, waß dießes ist, so müssen E. L. wissen, daß der König hier eine große gallerie lest bauen, so von seinem apartement biß in der königin ihres geht. Weillen aber solche gallerie noch nicht gantz fertig ist, hatt der könig das theill, so ausgemacht undt gemahlet ist, unterschlagen lassen undt einen salon davon gemacht. Alle

Montag, mittwog undt freittags seindt *jour d'apartement*. Da versammellen sich alle mansleütte von hoff in des königs *entichambre*, undt alle weiber umb 6 in der königin cammer. Hernach geht man alle mitt einander in den salon, wo von ich alleweill gesprochen; von dar in ein groß cabinet, alwo die violons sein vor die, so tantzen wollen. Von dar geht man in eine cammer, wo des königs thron ist. Da findt man allerhandt mußic, concerter undt stimmen. Von dar geht man in die schlaffcammer, alwo 3 taffelen stehen, umb cartten zu spillen, vor den könig, die königin undt *Monsieur*. Von dar geht man in eine cammer, so man woll einen saal nennen, worinen mehr alß 20 tisch stehen mitt grünen sammetten tepichen mit golten franien, umb allerhandt spiel zu spiellen. Von dar geht man in eine große antichambre alwo des königs billiart steht; von dar in eine andere cammer, alwo 4 lange tisch, worauff die colation ist, allerhandt sachen, obstkuchen, confituren. Das sieht aus wie die christkinder taffeln ahm cristabende. Von dar geht man noch in eine andere cammer, wo auch 4 andere taffeln stehen so lang also die von der *colation*, worauff viel caraffen mit gläßer stehen undt allerhandt *vin de liquers, rossolis*, von allerhandt gattung, *vin de St. Laurent*, ittaliensche wein, *hipocras*, auch rechte naturliche wein; also die eßen oder trinken wollen, halten sich in dieße zwey letzte kammern. So baldt alß man von der *colation* kompt, welche man stehns ist, geht man wieder in die cammer, wo so viel taffeln stehen, undt da theilt sich jedes zu seinem spiel auß, undt wie mancherley spiel da gespilt werden, ist nicht zu begreiffen: lands knecht, *trictrack, piquet, reversi, lombre, petitte prime*, schach, *trictrac raffe, 3 dés, trou madame, berlan, somma sumarum*, waß man nur erdencken mag von spillen. Wen der könig oder die königin in die cammer kommen steht niemandt von seinem spiel auff. Die nicht spiellen alß wie ich undt noch viel andere mehr, die schlendern herumb von einer cammer zu der andern, baldt zu der music baldt zu den spiellen; den es ist erlaubt hinzugehen, wo man will. Dießes wehret von 6 biß umb 10, daß man zum nachteßen geht, undt das ist, was man *jour d'apartement* heist. Wen ich aber E.L. jetzt verzehlen solte, mitt was vor *magnificense* alle dieße kammern gemeublirt sein undt welche eine mengte von silbergeschir drinnen ist, würde ich nimmer auffhören. Es ist gewiß, daß es *meritirt* gesehen zu werden. Dießes alles were woll köstlich schön undt *divertissant*, wen man auch in dießem *apartement* ein vergnügtes gemühte mitt sich brächte....

Versaille den 11. Augusti 1686.

An die Kurfürstin Sophie von Hannover

.... Unßer König ist nun waß krank undt man sagt, es mögte woll ein viertägig fieber drauß werden. Wenn dem also ist, so bewahr unß Gott, denn er wirdt woll noch hundert mahl gritlicher werden alß er schon ist. Ja, wer nichts mitt dießem hoff hir zu thun hette, der müste sich halb kranck lachen, zu sehen, wie alles hergeht. Der König bildt sich ein, er seye *devot*, weill er bey kein jung weibsmensch mehr schläfft, undt alle seine gottesforcht besteht in gritlich sein, überall *spionen* zu haben, so alle menschen falsch ahntragen, seines brudein *favoritten* zu *flattiren* undt in *general* alle menschen zu plagen. Das alte weib, die Maintenon, hatt ihren spaß, alles was vom Königlichen hauß ist, dem König gehast zu machen undt darüber zu regiren, außer *Monsieur*, den *flattirt* sie bey dem König undt macht, daß er woll mitt ihm lebt undt alles thut, was er von ihm begehrt; welches leicht zu *accordiren* ist, wie E.L. ferner hören werden. Hinterwerts aber ist dießem altem weib bange, daß man meinen mag, daß sie *Monsieur estimire*, derowegen, so baldt alß jemandes von hoff mit ihr spricht, sagt sie den teüffel von ihm: daß er zu nichts nutze seye, der *debauchirtste* mensch von der welt, ohne *secret*, falsch undt untrew. Die *dauphine* ist ohnglücklich, undt ob sie schon ihr bestes thut, dem König zu gefahlen, wirdt sie doch auß ahnstifftung des weibes täglich sehr übel *tractirt*, undt muß ihr leben mitt langerweill undt schwangersein zubringen. Ihr herr, *mons. le dauphine*, fragt nach nichts in der welt, sucht sein *divertissement* und *plaisir* wo er kan undt wirdt erschrecklich *debauchirt*. *Monsieur* ist es nicht weniger undt seine eintzige *aplication* ist, mir böße *officien* bey dem König zu leisten undt mich überall zu verachten, seine *favoritten* zu *recommandiren* undt selbigen *bon traitement* vom König mitt sonsten gnaden zuwegen zu bringen; seine kinder aber zu befördern, da denckt er nicht ahn. Ich vor mein theil muß also auff die *defensive* leben, denn alle tage macht man mir neüe händel, welche ich doch durch meine *conduitte* suche zu meyden so viel mir nur möglich sein kan ... Unterdessen aber muß ich sowoll durch des weibs ohnverdienten haß bey dem König, alß auch meiner alten feinde haß bey *Monsieur*leyden ... Durch die *post* hette ich E.L. dießes alles woll gar nicht schreiben dörffen, wie sie woll gedencken können, allein durch dieße sichere gelegenheit habe ich es nicht lassen können. Wenn E. noch wißen wollen, wie ferner der hoff beschaffen ist, so muß ich sagen, daß alle *minister* das weib *flatiren* und suchen durch hundert *bassessen* woll bey ihr zu sein; alle andere leütte, so in ein *raisonable* alter sein undt ehrliche männer, seindt trawerig; sie haben kein gelt, sie fürchten sich alle vor die *spionen*, welche ohnzehlbar sein, sein *malcontent* undt können sich doch nicht helffen. Alle junge leütte in *general* seindt erschrecklich *debauchirt* undt allen lastern ergeben, liegen undt betriegen fehlt ihnen nicht undt meinen, es were ihnen eine schande, wenn sie sich *piquiren* solten, ehrliche leütte zu sein; was sie aber thun ist sauffen, *debauchiren* und wüsteneyen sagen, undt wer ahm ungeschicksten unter ihnen ist, davon halten sie ahm meisten undt der ist ahm besten *estimirt*. Durch dieß alles können E.L. leicht urtheillen, wie große lust es hir ahm hoff vor ehrliche leütte geben muß; ich förchte aber, daß, wenn ich meinen *recit* vom hoff noch lenger fortführen solte, würde ich E.L. eben eine solche langeweill geben, alß ich gar offt entpfinde, undt dießes endtlich eine ahnsteckende kranckheit werden, muß derowegen davon auffhören zu reden ....

Fontainebleau den 8. October 1688.

An dieselbe

.... Von alles was mir E.L. vom papst undt unßerm König schreiben, hirauff darff ich woll meine Meinung nicht sagen; vom *printzen* von *Oranien* ist mehr erlaubt zu reden. Wie ich im Haag mit

J.L. spielte undt met verlöff met verlöff in mein hembt schiß, dachte ich woll nicht, daß er einsmahls eine so große figur machen würde: wenn nur seine große ahnschläge nicht besigelt werden wie ich damahls das spiel besigelte; wenn es aber geschehen solte undt unß dadurch der friede zukäme, würde ich warlich gar woll damitt zufrieden sein ... Ich wolte von grundt meiner seelen, daß ich den armen raugräfflichen kindern dienen könte, ich wolte es von hertzen gerne thun, allein was kan ich thun? man erlaubt mir nicht, vor meine eygene kinder zu sorgen; sie werden jetzt noch mehr zu beklagen sein, denn dießer ellende krieg kan ihnen woll nichts nutzen undt mir ebenso wenig ....

Daß meine kinder niemandes alß mich fürchten, ist nun gar zu wahr, denn *Monsieur* will sich nie die mühe geben, ihnen ein eintzig wort zu sagen; ihre hoffmeister undt hoffmeisterin seint beide die albersten und *sottesten* leütte, so in der welt mögen gefunden werden. Die kinder fehlen gottlob nicht von verstandt und könnens nicht lassen, ihre vorgestelldte außzulachen, also muß ich woll ihnen sagen, waß sie thun oder lassen sollen; sie fürchten mich also, allein sie haben mich lieb dabey, denn sie seindt *raisonable* genung, umb zu sehen, daß was ich ihnen sage vor ihr bestes ist; ich filtze selten, aber wenn es sein muß, geb ich's dicht, das macht desto mehr *impression*, wenn sie meinem raht folgen werden, werd ich nichts übles auß ihnen ziehen ohngeacht alle böße *exempel*, so die arme kinder stehts vor sich sehen. Aber dieß ist auch ein *text*, welchen man mitt stillschweigen muß vorbeygehen, komme derowegen an die *coiffuren*. Ich bin versichert, daß, wenn E.L. sehen solten, mitt waß mühe undt sorgen sich die weiber nun abscheülich machen, würden E.L. von hertzen darüber lachen; ich vor mein theil kan dießer *masqueraden* gantz nicht gewohnen, aber alle tag setzt man sich höher auff; ich glaube, daß man endtlich wirdt gezwungen sein, die thüren höher zu machen, denn sonsten wirdt man nicht mehr in den kammern auß und ein gehen können. Wenn die weiber in *cornetten* sein, sehen sie eben auß wie die *Melusine* ich in einem alten buch gemahlt gesehen, so I.G. der Churfürst seeliger in seiner biblioteque zu Heidelberg hatte; mich deucht, ihr schweiff ahm rock wirbt endtlich auch zur schlangen werden, wie jene; wenn solches der *Grancay* widerführe, nehme michs kein wunder, denn sie hatt schon eine schlange undt otterzunge, welche mich nur gar zu offt sticht. Es ist aber auch woll einmahl zeit, daß ich dieße lange *epistel* endige ....

Versaille den 20. Mertz 1689.

An Dieselbe

.... Kaum hatte ich mich über des armen *Carllutz* todt ein wenig erholt, so ist das erschreckliche undt erbärmliche ellendt in der armen pfaltz ahngegangen, undt was mich ahm meisten daran schmertztt, ist, daß man sich meines nahmens gebraucht, umb die arme leütte ins eüßerste unglück zu stürtzen, undt wenn ich darüber schreye, weiß man mirs gar großen undanck undt man protzt mit mir drüber. Solte man mir aber daß leben darüber nehmen wollen, so kan ich doch nicht lassen zu bedauern undt zu beweinen, daß ich so zu sagen meines vatterlandts untergang bin undt über das alle des Churfürstens meines herrn vatter seeligen sorge undt mühe auff einmahl so über einen hauffen geworffen zu sehen ahn dem armen *Manheim*. Ja ich habe einen solche abschew vor alles so man abgesprengt hatt, daß alle nacht, sobaldt ich ein wenig einschlaffe, deücht mir, ich sey zu *Heydelberg* oder zu *Manheim* undt sehe alle die verwüstung, undt dann fahr ich im schlaff auff undt kan in 2 gantzer stunden nicht wider einschlaffen; dan kompt mir in sinn, wie alles zu meiner zeit war, in welchem standt es nun ist, ja in welchem standt ich selber bin, undt dan kan ich mich des flenens nicht enthalten, Was mich noch schmertzlich ist, ist, daß der König just gewahrt hatt, umb alles ins letzte ellendt zu bringen, biß ich vor *Heydelberg* undt *Manheim* gebetten; undt noch dazu nimbt man übel, daß ich betrübt drüber bin, aber ich kans warlich nicht lassen undt es ist mir unmöglich, daß ich mich dieß alles erzellen kan ....

An Dieselbe

Versaille den 10. December 1689.

.... Das weib, wovon sie sprechen, wie E.L. sagen, die mit einem pfurtz met verlöff met verlöff sol schwanger gegangen sein, *divertirt* mich nicht sehr, *contrari*, ich glaube nicht, daß ein bößerer teüffel in der welt kan gefunden werden, alß sie ist mitt aller ihrer *devotion* undt heücheley, befinde, daß sie das alte teütsche sprichwort woll wahr macht, nehmblich: „wo der teüffel nicht hinkommen kan, da schickt er ein alt weib hin." Alles unheil kompt von dießer zot; ich vor mein theil habe mich ihrer woll gar nicht zu rühmen und sie hatt keine größere freüde, alß wenn sie entweder *mad. la dauphine* oder mich etwaß übels bey dem großen mann ahnmachen kan. Ja, wenn E.L. alles wißen solten, wie es hergeht, würden sie solches vor unglaublich halten. Biß ich E.L. aber völlig davon *informiren* kan, ist es, wie ich glaube, beßer, daß ich von dießem *text* stillschweige, nur das noch sage, daß es woll zu wünschen were, daß sich das weib umb nichts alß ihre jungfern in dem stifft bekümmerte. Wenn die jungen *printzen*, so noch zu wacksen haben, nicht *galanter* werden alß unßer *mons. le dauphin*, so werden die *demoiselles de St. Cire* keine große mühe haben, ihre ehre zu verwahren .... Weillen E.L. finden, daß von der armen Pfaltz zu reden dießelbe *melancolisch* macht, will ich weiter nichts davon sagen, aber ich glaube, daß ein gutter frieden ihnen doch nicht schaden solte; der krieg ist doch eine verdrießliche sache .... Mehr darff ich nicht sagen, derwegen von waß anderst reden .... Ich scheine woll *destinirt*, alles zu verliehren, was ich von meinen verwanten haben solte; alles landt hatt der König verbrent, alles bar gelt hatt *Monsieur* zu sich gezogen, ohne mir weder heller noch pfenning davon zu geben. Dießes aber würde ich mich leicht getrösten, wenn man mich nur sonsten mitt frieden ließe undt nicht plagte, wie man täglich thut .... Das alte weib will mitt aller gewalt, daß der große mann seinen hinckenden buben ahn mein tochter geben solte, undt ohne mir die sach zu *proponiren*, *persuadirt* sie den großen mann, daß ich mein leben nicht drin willigen werde, man plage mich denn so sehr, daß ich meine ruhe dadurch erkauffen mögte, undt das macht, daß man mir alle tag neüe qual ahnthut ....

St. Cloud den 30. Juni 1691.

An Frau on Harling

.... Es ist nun leyder gar zu wahr, daß mein sohn in *campagne* ist undt noch darzu so *marchiren* beyde *arméen* nun, also daß mir gar nicht woll bey der sachen ist, denn weilen sie nicht weit von einander sein, mögen sie sich vielleicht begegnen, wobey es dan all scharff genung hergehen würde. Ich weiß woll, daß gott die seinigen überall erhalten kan; aber ich hab leyder kein brieff undt sigel, daß gott der allmächtige meinen sohn erhalten will, undt ich weiß, daß man im krieg große gefahr außsteht; zudem so hat mich das *exempel* von den 2 lieben printzen Friedrich August undt Carl greulich scheu gemacht. Der fürsten leiber undt köpff seindt nicht härter alß andere undt das bley dringt ebenso leicht hinein alß in den gemeinen *soldaten* undt in einer schlacht ist wenig sicherheit. Drumb muß ich gestehen, daß mir recht angst bey der sachen ist undt werde keine ruhe haben, biß ich meinen buben wider hir habe ....

Paris den 20. Julli 1692.

An die Kurfürstin Sophie zu Hannover

.... Wolte Gott, die alte *rompompel* stünde in E.L. gewalt, sie würde mir gewiß nicht lange mehr schaden; sie hat sich so gedemütigt undt ist zu *Villers Cotterets*zu mir kommen, aber ich bin gewiß, daß sie mirs braff wider eindrencken wirdt. Ich habe woll von hertzen gelacht über das sprichwort, so E.L. von dem dreck, met verlöff met verlöff, undt mist *citiren*. Der große mann muß offt den gestanck davon richen, denn er rührt dießen mist offt. wenn der große mann wolte, daß wir seinen dreck vor weyrauch halten sollen, so solte er uns doch auffs wenigst guldene weyrauchfässer geben, solches auffzufaßen. Daß ich gegen meines sohns heyraht geweßen, schäme ich mich nicht undt will lieber mit des Königs ungnadt ohne *lacheté* leben, alß mir vorzuwerffen zu haben, daß ich in so waß infames consentirt hette auß *flatterie* undt mitt freyen willen, denn das könte ich mir selber nicht vergeben undt das würde mir mein teütsch hertz undt geblütte, so ich noch immer in mir verspüre, ob ich zwar schon 20 jahr in Franckreich bin, in ewigkeit nicht zu gutt halten. Heütte morgen hatt man mir gesagt, der gutte König Jacob fange wider ahn, lustig zu werden undt zu lachen. Wenn es wahr ist, wirdt er mich nicht mehr so sehr jammern. Ob zwar die *jalousie* ein großes übel undt unglück ist, so glaube ich doch, daß ein Königreich zu verliehren noch etwaß ärgers ist, denn wenn der König von dem *humor* ist, *metressen* zu haben, wirdt er deßen hir genung finden, aber Königreiche finden sich nicht leicht wider, fürchte also, daß die gutte Königin alles übel undt kein trost finden wirdt ....

An Dieselbe

Versaille den 1. Januari 1693.

.... P.S. Ich kan nicht laßen, E.L. ein schön dialogue zu verzehlen, so Monsieur undt ich vergangen gehalten; ich wolte, daß dießes E.L. so von hertzen könte lachen machen, alß meine 2 kinder. Wir waren alle 4 abendts allein hir im *cabinet* nach dem nachteßen, nehmblich *Monsieur*, ich, mein sohn undt mein tochter. *Monsieur*, so unß eben nicht vor eine gutte compagnie *genung* hilte, mitt unß zu reden, ließ nach langem stilschweigen einen großen lauten furtz met verlöff met verlöff, trehte sich zu mir undt sagte: *"qu'est ce que cela, Madame?"* Ich threhte den hintern zu ihm, ließ einen streichen in selbigem thon undt sagte: *"c'est cela, Monsieur."* Mein sohn sagte: *"s'il ne tient que cela j'en ay auttant d'envie que Monsieur et Madame"*, undt ließ auch einen braffen gehen. Damitt fingen wir alle ahn zu lachen undt gingen alle auß dem *cabinet* herauß. Das seindt fürstliche *conversationen*, wie E.L. sehen, undt solte man *curieux* sein noch, meine brieffe auffzubrechen, so *offriere* ich zum neüen jahr dem, so der erste dießen brieff vor E.L. auffbrechen undt lesen solte, dießen weyrauch.

An Oberstallmeister von Harling

Pourquoy me parlés vous françois, mons. de Harling? Croyés vous que je ne sache plus l'allemant? Nein, das habe ich noch nicht vergeßen, werde also meine dancksagung vor sein *compliment* auf teutsch ablegen, undt damit ihr secht, daß ich ein beßer gedechtnuß habe, alß ihr woll meint, so sage ich „Herr Öllerian, fraw Schredtlin Margrettlin, herudt ihr dorchreckels, herudt auß dem samschläger, treck den därendecker ahn, nembt den emerlin, thut waterquatschen drin, denn dat rattenstert hat die vielheit in profoßhauß gebracht.“ Ich glaube nicht, daß ich hierin ein wort verfehlt habe, ob ich es zwar nicht oft repetire. Hirauß laß ich *judiciren,* ob ich mein teutsch mag vergeßen haben, *mais pour que vous voyés que je puis aussi parler françois, je finirai en vous assurant de mon estime et de mon amitié.*

An die Kurfürstin Sophie von Hannover

Paris den 15. May 1695.

.... wenn es wahr ist, daß man wider jungfer wirdt, wenn man in langen jahren bei keinem mann schläfft, so muß ich wieder eine jungfer geworden sein, denn seyder 17 jahren haben mein Herr undt ich nicht bey einander geschlaffen, mögte aber, umb es gewiß zu wißen, nicht in der herren *Tartaren* hände fallen. Die *Tartaren* müssen mehr vom gefühl alß vom gesicht halten in den 5 sinnen, weillen sie lieber alte alß junge weiber haben .... Ich hoffe, daß ich, ob Gott will, auch baldt werde die nachtigallen singen hören. Ich bin wie E. L.: ich höre lieber nachtigallen undt frösch, alß die schönsten menschenstimmen von der welt; die fröschmusiq hatt nun ein endt, aber die nachtigallen singen noch .... heütte weiß ich garnichts neües undt bin recht leünisch, denn man hatt mir gestern abendts gesagt, daß das geschreu von dem maußdreck ärger ahnfengt alß nie; das macht mich bang undt fürchte, daß ich viel widerige händel bekommen werde, wenn der hoff wider hir wirdt sein ....

An Dieselbe Bodemann

Paris den 30. October 1695.

.... Ich bin noch auff die *Hannoverische manir* undt gar nicht *devot*; ich glaube, daß es ein groß glück ist, wenn man es in der that sein kan wie ich glaube daß unßere hertzogin ist, undt alles, was unmöglich scheint, glauben kan alß wenn man es sehen thete, auch sich mitt dem vergnügen undt stehts zu reden mitt was man nie sicht undt welches uns nie kein antwort gibt; allein ich glaube auch, daß es eine gar elendt sache ist, sich ahnzustellen, alß wenn man *devot* were, undt daß man es nicht ist, denn sich jahr undt tag zu langweillige sachen zu zwingen ohne *persuadirt* zu sein; damitt bringt man sein leben liederlich zu. Ich bin nicht glücklich genung, einen so starcken glauben zu haben, umb berge zu versetzen, undt bin zu auffrichtig, umb mich ahnzustellen alß wenn ich *devot* were, ohne es zu sein. Derowegen *contentire* ich mich nur, mich nicht gröblich gegen die gebotte zu versündigen undt meinem negsten nichts leydt zu thun; Gott den allmächtigen, den *admirire* ich, ohne ihn zu begreiffen, ich lobe undt preiße ihn morgendts undt abendts undt laß ihn ferners walten undt ergebe mich in seinen willen, denn ohne das weiß ich woll, daß nichts geschehen kan: da wissen E.L. nun alle meine *devotion* ....

Port Royal den 2. Augusti 1696.

An Dieselbe

.... *Mons. Helmonts* meinung will mir nicht recht im kopff, denn ich kan nicht begreiffen, was die seele ist undt wie sie in einen andern leib kan kommen; nach meinem schlechten sinn zu *raisoniren*, solte ich eher glauben, daß alles zu grunde geht, wenn wir sterben, undt nichts von unß übrig bleibt, undt jedes element , wovon mir worden, seine *parthie* wider zu sich nimbt; umb wider waß anderß zu machen, es seye ein baum oder kraut oder sonst waß, das wider zur nahrung der lebendigen creaturen dint. Die gnade Gottes, deücht mir, kan allein die seele unsterblich glauben machen, denn natürlicher weiße kompt es einem eben nicht im kopff, insonderheit wenn man sicht, wie die leütte werden, wenn sie einmahl gestorben sein. Gott der allmächtige ist so unbegreifflich, daß mir deücht, daß es seiner allmacht zuwider undt zu kleinerlich ist, wenn wir ihn in den schrancken unßer *ordre* wollen einschließen. Wir menschen, die reglen haben, können gutt oder böß sein, nach dem wir die *reglen* folgen oder dawider thun; aber wer kan dem Allmächtigen gesetze geben? Auch ein rechtes zeichen, daß wir nicht begreiffen können, was Gottes güte ist, ist, daß unßer glaube unß weißt, daß er zwey menschen erstlich erschaffen, denen er geratt einen ahnstoß geben, umb zu fehlen, denn waß war es nöhtig, einen baum zu verbietten, hernach den fluch auff alle die zu setzen, so nicht gesündigt hatten, indem sie noch nicht geboren waren? Nach unßer rechnung geht das geraht gegen gütte undt gerechtigkeit, indem die gestrafft werden, so nichts davor können undt nicht gesündigt haben. Weitters lehrt man unß, daß Gott der vatter seinen eintzigen sohn vor unß geben hatt; das war ja nach unßer rechnung auch nicht gerecht, denn der sohn hatte nie undt konnte nicht sündigen; also deucht mich, daß es ohnmöglich ist, zu begreiffen, was Gott mitt unß macht, derowegen nur seine allmacht zu admiriren ist, aber ohnmöglich von seiner gütte undt gerechtigkeit zu *raisoniren* .... Ich habe die freyheit genohmen undt E.L. schon letzmahl meine meinung über der jünger Christi frage wegen des blindtgebohrnen gesagt, doch will dieß noch hinzusetzen, daß ich nicht finde, daß es eine *preuve* ist, daß die seele in einen andern leib gehet, denn weillen ja alle juden und christen glauben, daß wir durch Adam seindt verlohren worden, so unßer aller vatter war, so haben die jünger auch leicht glauben können, daß man der leiblichen vätter sünde tregt, undt also selbst alß sündige menschen gebären; aber unßer herr Christus leügnet, daß er vorher, ehe er geboren, gesündigt hette, denn er sagt, daß weder der blindtgebohrne noch sein vatter gesündigt hette, sondern daß es geschehen, daß die wercke Gottes gesehen werden möchten undt seine ehre geprießen werde. Also zerschlegt unßers herrn Christus andtwort *mons. Helmonts* meinung. Ich bin woll E.L. meinung, daß diese *opinion* ein schlechter trost ist, denn man behelt nur, wie man stirbt, aber man weiß nichts von widerleben. Ich finde es auch nicht zum besten, daß man nichts weiß von seiner jugendt; ich wolte aber gerne vergeßen, im mutterleib geweßen zu sein, denn das solte einen eckellen. *Mons. Helmonts* zufriedenheit undt ruhig gemühte das mögte ich gerne lehrnen ....

Versaille den 2. Februari 1698.

An Dieselbe

.... Ich glaube gar gewiß, daß mein sohn mitt dem dollen leben, das Er führt, gantze nächte zu raßen undt erst umb 8 morgendts schlaffen zu gehen, nicht lang wirdt leben können. Er sicht offt auß, alß wenn man ihn auß dem grab gezogen hette; man bringt ihn gar gewiß umbs leben undt sein Herr vatter will nichts dargegen sagen.

Aber weillen was ich auch hirvon sagen mag zu nichts nicht hilfft, so will ich nur davon still schweygen, muß nur das noch sagen, daß es warhafftig schadt ist, daß man mein sohn so in das luderleben steckt, denn wenn man ihn ahn etwaß beßeres undt rechtschaffners gewehnt hette, würde er gantz ein anderer mensch geworden sein. Er fehlt nicht von verstandt, ist nicht *ignorant* und hatte von jugendt auff alle *inclination* von was gutt undt löblich war undt seinem standt zukompt, allein seyder er sein eygen herr und meister geworden undt sich nichtswürdige kerls ahn ihn gehengt haben undt ihn mitt so gar gemeinen huren met verlöff haben umbgehen machen, ist er dermaßen geendert, daß man ihn nicht mehr kent sowohl von gesicht alß von *humor*, undt bei so ein leben nimbt er nicht mehr lust in nichts; die lust zur *musiq*, so eine *passion* war, ist auch nicht mehr vorhanden, *summa*: man hatt ihn gantz unleydtlich gemacht, undt fürchte sehr, daß er endtlich gar das leben drüber verlieren wirdt ....

Marly den 7. Augusti 1698.

An Dieselbe

Ich bin woll E.L. meinung, daß ein jeder in seinem sinn *son petit religion à part soy* hat, wie *mons. Filding*. Ich glaub, daß es *sinceritet* von den *reformirten* ist, sich nicht stellen zu wollen, zu glauben was sie nicht glauben können, undt daß, wenn es nur umb die predigt undt *psalmen* zu thun were, würden sie sich nicht weg jagen lassen. Die *psalmen* seindt doch warlich nicht so unahngenehm zu hören, als die *voyellen* von einer großen meß, welche einen offt recht ungedultig machen, nichts zu hören alß ein geplerr von *aaaa eeee iiii oooo*; wenn ich dörffte, lieff ich offt gern auß der kirch deßwegen, denn ich stehe es mitt rechter mühe auß. *Dr. Luther* weiß ichs recht danck, hübsche lieder gemacht zu haben; ich glaube, daß dieß viellen lust geben hatt, *lutherisch* zu werden, denn das hatt etwaß lustigs, aber die *mistiquen* mitt ihrer *contenplation* were meine sache gar nicht ....

Port royal den 22 Augusti

A. mad. Amelie Elisabeth raugräffin zu Pfaltz a Franckfort

....Wen man schon schön ist, wehrt es doch nicht, undt ein schön gesicht endert baldt, allein ein gutt gemüht ist zu allen zeitten gutt. Ihr müst meiner sehr vergeßen haben, wen Ihr mich nicht mitt unter den heßlichen rechnet; ich bin es all mein tag geweßen undt noch ärger hir durch die blattern geworden; zu dem so ist meine taille monstreuse in dicke, ich bin so viereckt wie ein würffel, meine hautt ist rotlich, mitt gelb vermischt; ich fange ahn, graw zu werden, habe gantz vermischte haar schon, meine stirn undt augen seindt sehr runtzelicht, meine naße ist ebenso scheff, alß sie geweßen, aber durch die kinderblattern sehr brodirt, so woll alß beyde backen; ich habe die backen blat, große kinbacken, die zän verschlißen, das maul auch ein wenig verendert, indem es größer undt rontzeliger geworden; so ist meine figur bestehlt, liebe Amelißе! Ich glaube, sie werden mich endtlich närisch mitt den contrefetten machen; ich kan sie nicht von den leütten bekommen, so sie haben. Wovon kommen Eüch die bloden augen? Mich deücht, wie Ihr kinder wahret, war es Caroline alleine, so blode augen hatte. Ich muß lachen, daß Ihr sagt, daß ich beßere occupationen habe, alß zu arbeitten. Wen Ihr meint, daß der himmel hir voller geigen hengt, betriegt Ihr Eüch sehr; die langeweill regirt so starck hir, alß in keinem ort von der welt. Viel leütte hir drincken thé undt caffé undt chocolat, aber ich nehme gar nichts von dießem zeüg, bilde mir ein, es seye nicht gesundt. Ich spielle auch nie, sehe nur etlichmahl zu, wen man abendts a lombre spielt. Ein spiel, wobey man lachen undt reden kan, würde hir sehr veracht werden. Unter dem grand prieur undt dem printz de Conti ist nie gar große freündtschafft geweßen; den der printz de Conti undt des grand prieurs bruder, der duc de Vandosme, pretendiren jeder, mons. le Dauphins favorit zu sein. Ich habe letztmahl schon zum vorauß vor keyser Carls kopffwaßer gedanckt. Vergest nicht den zettel dabey zu schicken, von waß es kost! Ich weiß woll, daß man von printzes Amelie vor den römischen könig spricht; es kompt aber noch nichts gewißes hirvon. Mein dochter ist so persuadirt, daß sie mitt dem hertzog von Lotheringen glücklich sein wirdt, daß ich es gantz hoffe. Wen sie nur zufrieden ist, werde ich es auch sein; bedancke mich sehr vor den part, so Ihr drinnen nehmen wolt, undt erfrewet mich recht, Ewer affection zu verspüren. Seit versichert, daß ich Eüch kinder alle recht lieb habe! Von hir kan ich nicht viel neües sagen. Madame de Chartre hatt unß wider ein metgen da hergesetzt, biß dinstag solle es getaufft werden; mons. le Dauphin undt die ducheße de Bourgogne werden sie auß der tauff halten. Die elste, so nun 3 jahr alt worden, ist froh, daß man sie mademoiselle d'Orleans heist undt ihr schwestergen mademoiselle de Chartre ist; die elste wirdt all artlich. Adieu, hertzliebe Amelißе! Ich ambraßire Eüch von hertzen undt Louise auch undt versicher Euch, daß ich Eüch lieb behalte.

Elisabeth Charlotte.

An mad.Louiße, raugräffin zu Pfaltz. Franckfort

Versaille den 3 Aprill 1699

Hertzliebe Louiße, gestern habe ich Ewer schreiben vom 14/24 Mertz zu recht entpfangen; will nicht lenger verschieben, drauff zu antwortten, ob ich zwar jetzt mitt husten undt schnupen sehr geplagt bin, daß ich nicht mitt Monsieur nach Paris gekönt habe ins opera; allein ich habe mahrgenohmen, das, wen man mitt dem schreiben einsmahls ins auffschieben kompt, hatt es kein endt hernach undt kommen alß so viel verhindernüßen, daß man nie recht auff die brieffe antwortten kan. Die jagt ist jetzt die Zeitvertreib nicht, so ich ahm meisten liebe, sondern die comedien. Auff der jagt gehe ich nunmehr nur wegen meiner gesundtheit; den wen ich keine starcke bewegung habe, so habe ich abscheuliche miltzschmertzen. Ein wolff ist viel weniger, alß ein hirsch, zu förchten; den wen sie gejagt, attaquiren sie die menschen nie. Ich weiß woll, daß I.G. unßer Herr vatter s nie hatt leyden wollen, daß man jagen solle undt reitten; daß habe ich auch erst hir gelernt. Ich bin woll 4 oder 25 mahl gefallen, daß hatt mich aber gar nicht abgeschreckt. Die Rotzenheußerin hatt ohnmöglich mit den graffen von Hannaw nach Franckfort gekönt; sie hatt sich in einem fall mitt der kutzschen gar einen großen schaden ahn einem bein undt fuß gethan, wie sie aus Lotheringen kommen; es ist noch nicht heill. Ich bin woll Ewer meinung, daß eine kleine compagnie von gutten freünden hundert mahl ahngenehmer ist, alß der große tumult; auch gantz undt gar allein zu sein, haß ich nicht, bring schier mein leben so zu. So übel ich auch die frantzösche ordonance in dem heüraht fundt, so muß ich doch woll folgen, waß sie mitt sich bringen, indem man mich leyder auf Parißer brauch geheürahtet hatt. Ich will Eüch, liebe Louiße, noch woll waß ärgers darvon sagen: es kan geschehen, daß, ob man mir zwar viel gutt zuspricht, daß ich einmahls bloß von deß königs gnaden werde leben müßen; den verthut Monsieur sein gutt undt mein gutt undt kompt vor mir zu sterben, so habe ich nirgendts nichts zu nehmen; den daß apanage kan mir nicht kommen, indem, wen mein sohn ohne sohn sterben solte, kompt es dem könig wider zu, wie manslehen, bleibt mir also weder heller noch pfening überig undt das apanage kompt meinem sohn zu; da hab ich nichts ahn zu pretendiren. Man muß ein wenig ein philosoph hir werden; sonsten müst man in stedem angsten leben undt könte nie ruhig sein. Gutte worte zu geben, helffen hir nichts, man gibt einem kein heller mehr, alß einem verschrieben ist. Im testament kan kein man seinem weib noch ein weib ihrem man waß geben. Die gesetze seindt sehr hart vor die weiber hir im ehestandt; daß macht auch so viel bößen ehen hir im landt. Solte ich millionen erben können, könte ich keine pistolle davon disponiren. Die letzte reiß ist mir Paris nicht so übel zugeschlagen wie ordinari. Ob Ewere feder zwar ein wenig gröber geweßen, alß ordinari, so war doch Ewere schriefft schön undt sauber undt meritirte keine entschuldigung .... Von hir kan ich Eüch nicht viel neües sagen. Die jagt ist das eintzige divertißement, so wir nun haben; den daß apartement undt die commedien haben auffgehört, werden zu Fontainebleau erst wider ahnfangen. Adieu! Ambraßirt Ameliße von meinetwegen undt seydt versichert, daß ich Eüch beyde von hertzen lieb habe!

Elisabeth Charlotte.

An Raugräfin Amalie Elisabeth

St. Clou den 10 Julli 1699.

Hertzliebe Ameliße, vorgestern habe ich Ewern lieben brieff vom 20/30 Juni zu recht entpfangen; würde gestern gleich drauff geantwortet haben, wen ich nicht ein klein reißgen 7 frantzöscher meillen von hir gethan hette nach Maubisson, ma tante, die fraw abtißin, dorten zu besuchen, welche ich, gott seye danck, in vollkommener gesundtheit gefunden habe. I.E. gleichen sehr I.G. unßerm herrn vattern s., bin also recht gern bey ihnen undt were es nicht so weit von hir, ginge ich öffter hin. Sie sprechen noch gutt teütsch, können perfect teütsch, frantzösch, englisch undt holländisch. Ich habe lachen müssen, daß Ihr Louiße ihren tag habt verseühmen laßen undt hernach den Ewerigen nicht sediren wollen; bin Eüch davor verobligirt, liebe Ameliße! den daß erweist mir, wie lieb Ihr mich habt. Es ist kein wunder, daß ich das Frantzösche corecter weiß nach 28 jahren, daß ich in Franckreich bin, als Ihr, die nie in Franckreich geweßen. Im Teütschen habe ich Euch aber in keinem eintzigen brieff fehlen sehen. Ihr tröst mich sehr, liebe Ameliße, mir zu sagen, das ich mein Teütsch noch nicht vergeßen habe undt noch corect schreibe; den in wehrendem krieg habe ich wenig teütsch gesprochen, würde also gar kein wunder sein, wen ich etliche fraßen vergessen hette. Zu meiner zeit war es schon der brauch, daß man frantzösche wörter mitt den teütschen mischte; thue es auch etlichmahl, den man muß woll hirinen den brauch folgen; allein waß mich verdrießen kan, ist, wen es auß affectation geschicht. Diß wort könt ich auch ohnmöglich anderst auff teütsch sagen, glaube auch nicht, daß ein ander wort auff teütsch dazu ist. Ich gestehe auch gern, das mir alle complimenten bludtszuwider sein; ich kan sie nicht außstehen.

Alle, die meine gutte sein, denen verbiette ich die complimenten, also wen Lenor mir in ihre lange brieffe complimenten schreiben wolte, würde ich braff zürnen; es ist hir der brauch auch gar nicht, in frantzöschen brieffen macht man keine complimenten nicht. Herr Obrecht ist gar ein ehrlicher verständiger man; Ihr thut woll, ihm Ewere sach zu recommandiren. Monsieur sagte mir letztmahlen, der könig wolle sich der sach nun gar ernstlich annehmen; wie es abgehen wirdt, wirdt die zeit lehren. Die gutten pfältzer seindt böße visionomisten, daß sie den monseigneur vor auffrichtig teütsch ahngesehen haben. Freündtlich undt höfflich ist er woll, wen er will, allein nicht exact genung, in waß er verspricht undt unterschreibt; den es ist den armen Heydelberger undt Manheimern übel nach seinem überschreiben gangen, aber nicht, ohne daß ich ihm meine Meinung dichte drüber gesagt habe .... Mein gott, wie müst Ihr, liebe Ameliße, verendert sein, wofern Ihr nun I.G. dem churfürsten, unßerm Herrn vattern, gleicht! den wie ich Eüch gesehen, war kein eintzig liniament in Ewerem gantzen gesicht, so dazu die geringste aparentz hatte. Carolines aber gliche I.G. viel. Sie hatt allezeit verstandt gehabt, wundert mich also nicht, daß sie es biß in ihrem todt gehabt halt. Man kan sagen wie in der commedie von Jodelet: „Si nous estions artissans de nous mesme, on ne veroit par tout que des beautés extremes". Weillen es aber nicht bey unß stehet, müssen wir woll sein, wie unß gott der allmächtige geschaffen hatt, undt unß weitter nicht drumb bekümern. Ich gestehe, daß ich nicht lang von denen reden kan, deren todt mich betrübt hatt, ohne wider auff neüe trawerig zu werden. Gutte conversationen seindt gar watz rares hir. Es ist die mode nicht, zu conversiren, nach zu raisoniren, man lacht einem mitt auß undt das spillen mag ich nicht leyden; drumb bin ich lieber allein. Die fraw von Rathsamshaußen wirdt erst dießen abendt hir sein; den der hertzog von Lotheringen helt so viel von sie, daß er sie 3 wochen zu Nancie behalten undt nicht hatt weg wollen lassen; meine tochter hatt sie auch gar lieb. Ich dancke Eüch von hertzen, so viel gutte wünsche vor meine conversation zu thun, allein ich bin zu nichts nicht nutz in dießer welt, were also gar kein verlust, wen ich drauff gehen solte. Gutte wünsche halte ich vor kein compliment noch ceremonie, sondern vor freündtschafft, aber weillen ich niemandes dinnen kan, sehe ich nicht, womit ich jemandes trösten könte. Mitt halben wortten verstehen, daß lernt man hir über die maßen woll undt hirauff, deücht mir, bin ich gelehrt genung. Ich wünsche, daß Ihr undt Louiße Eüch woll im Schwalbacher brunen bey I.L. der fraw landtgräffin divertiren mögt. Aber wie Ihr undt Louiße mir von Ewerem humor sprecht, glaube ich nicht, daß Ihr, umb ein Hänsel außzusuchen undt sein Gredel zu werden, nach Schwalbach zicht. Schwalbach ist ein artiger undt glücklicher Ort, wen man dort frey leben kan, ohne daß man dort übel findt, waß man thut. Solchen ort kan man hir in Franckreich nicht finden. Die frantzösche damens last über Ewere inocente lust lachen, wie sie wollen! Sie haben keine so warhaffte freüde nicht; man mag sie nur bey ihrem spiel von 24 stunden sehen, umb davon zu judiziren; wie verzweyffelt sie außsehen! eine weint die bittern threnen, die ander ist fewerrodt undt gehen ihr die augen im kopff, alß wen sie in die gichter fallen wolt, die 3te ist bleich wie der todt undt wie halb ohnmächtige undt mäner undt weiber sehen auß wie bessessene, können niemandes bey noch umb sich leyden. Das seindt hießige freüden, aber warlich nicht die meinen; wolte lieber mitt gutten freünden im grünen graß bey einem brunen eßen, wie Ihr undt Louiße, die fraw von

Degenfelt undt Schelm gethan habt. Diß landt hatt noch über dem englischen, das alle desbauchirten mäner undt weiber politisch sein undt dem hoff gefahlen wollen, welches manche untrew undt verrähterrey gibt, aber in welchen landt es auch sein mag, so muß man, wen man geheüraht ist, die jalousie auß dem hertzen banißiren; den daß kan nie kein gutt thun. Seine händt in unschuld waschen gibt woll vor sich selber ein ruhig gewissen, allein es gibt kein ahngenehm comerse undt mitt einem ruhigen gewißen kan einem doch die zeit bitter lang fallen undt manche sehr langweillige stunden haben. Ich bekümmere mich nicht über der welt weßen, aber es macht mich die welt genung verachten, umb wenig lust zu nehmen, in geselschafft zu sein. Man hört von nichts, alß tragiquen avanturen; baldt werden 5 weiber noch gericht werden, so ihre mäner umbs leben gebracht haben, noch etliche haben sich selber umbs leben gebracht; sonsten geschehen auch viel unglück .... Adieu, liebe Amelіße! Ambraßirt Louiße von meinetwegen undt seydt versichert daß ich Eüch beyde sehr lieb habe!

Elisabeth Charlotte.

An die Kurfürstin Sophie von Hannover

Versaille den 3. Januari 1700.

Die *post* geht jetzt recht verdrießlich undt ist noch nicht ahnkommen; ich hatte mich drauff gefreüet, undt ein gnädig schreiben von E. L. were das ahngenehmbste neüjahr geweßen, es hatt mir aber leyder gefehlet.... Wir haben jetzt gantz undt gar nichts neües hir. Gestern haben wir hir die neue *coommedie* von *Athanais* gesehen; sie haben recht woll gespilt, aber mich deücht doch, daß das stück nichts besonderes ist. Das *sujet* gefehlt mir nicht übel, aber in meinem sinn macht er seine *personagen* nicht verständig genung, undt ich kan nicht vertragen, daß *Theodose* seiner schwester *pulcherie*, die doch, wie man woll sicht, alles *regirt*, zwey mahl befilt, den teimpel zurecht machen zu lassen vor sein beylager, alß wenn er sonst keine leütte hette; das kompt mir zu bürgerlich vor. Darnach auch den *philosopne Leontin,* den macht er wie einen *pedanten* reden undt weiß nie nicht recht was er will, denn ein augenblick will er seine dochter zur Keyßerin machen, ein augenblick hernach weint er drüber; das deücht mir ein *sot personage* vor einen *philosophen* zu sein, welche mehr *resolution* in ihre *desins* haben sollen. Des Kayßers *personge* gefehlt mir auch nicht, denn im ahnfang will er halb raßendt werden vor *jalousie,* undt hernach ist er gantz fertig, seine *maitresse* seinem *rival* zu *cediren,* wenn sie nur will; das ist nicht natürlich. Aber hirmitt einmahl genung von der gesterigen *commedie* ... Heütte undt morgen werden E.L. singen: „Ein kindellein so löbelich ist unß geboren heütte“ oder: „Ein kindt geboren zu *Bettlehem,* zu *Be he hetlehem,* deß frewet sich *Jerusalem, halé halé halé haleluja*“, oder: „ *In dulci jubilo ho ho,* nun singet undt seidt fro *ho ho,* unßers hertzens *wo ho ho né* ligt in *praesepio ho ho* undt leüchtet alß die *so ho ho ne,* in *matris gremio ho ho, alpha est et o ho, alpha est et ho*“ ....

Wenn *patte* noch bey, E.L. ist, wenn sie diß schreiben entpfangen werden, so bitte ich E.L., sie wollen doch die gütte haben, *patte* mein *compliment* zu machen, damit I.L. meiner nicht vergeßen mögen, denn ich habe *patte* noch alß recht lieb ...

An Dieselbe

Versaille den 11. Februari 1700.

.... Ich habe auch ein gar groß liederbuch; die gutte große *mad* [lle] hatt mir es vor ihrem todt gegeben, das *amusirt* sehr. Ahn *feu Monsieur* sein hoff da waren viel, so verstandt hatten undt *possirlich* lieder machten. Es seindt leütte zu *Paris,* so 10 oder 12 große *tomen* von den alten liedern haben undt gar fleißig bewahren. In Franckreich kan man alle zeitten durch die lieder erkennen, denn alles wirdt gesungen, dadurch kan man die *historien* vom gantzen hoff besser lernen, alß in den *historien*bücher, denn da *flattirt* man nur, aber in den liedern singen sie, wie es in der that hergeht, undt wie man durch die *medaillen* die *römische historien* beweist, so kan man hir im landt durch die lieder die rechte warheit erfahren, seindt also nicht so unnützlich, alß man meint .... Die brieffe werden geöffnet, ehe sie in des *Brousseau* hände kommen; was schadts, daß E.L. frey schreiben? Es geht denen, so unßere brieffe leßen, wie denen, so ahn der wandt laustern, von welchen das sprichwort sagt: „Der lausterer ahn der wandt, der hört sein eygen schandt.“ Was man ahm übelsten in E.L. gnädigen schreiben finden wirdt, ist, daß sie mich lieb haben, denn das verzeyet man hir nicht ... Ich weiß nicht, auff welche seydt vom schloß E.L. nun zu *Hannover logiren,* ob sie noch sein, wo sie vor dießem waren, da man durch die *presentz* und Vorkammer undt *billiard* in den hoff hinsahe, wo das althauß war, undt Dero kammer, wo E.L. bett war, auff die gaß sahe. Es war auch ein klein *balcon* vor E.L. fenster, wo blumenkrüg mitt *jasmin* undt *mirten* stunden; man hatt mich offt dort gemeßen. Oder ob E.L. *logiren,* wo *ma tante Lisbet* vor dießem *logirte,* hinter *Raisons* kammer, oder auff meiner seitten, wo ich *logirte* undt das frawenzimmsr war zu meiner zeit, oder über *pattes* kammer, so in den ersten hoff sicht, wo *oncle Rupert* einmahl *logirt* hatt. E.L. sehen hirauß, daß ich das alte *Hannover* nach gantz autzwendig weiß. E.L. haben mir einmahl gnädigst bericht, daß das *opera*hauß ist, wo mein heimblich gemach vor dißem war, undt weilen E.L. sagen, daß es *de plain pied* von ihrer cammer ist, so bildt ich mir ein, daß man E.L. *apartement* von meinem undt dem frawenzimmer gemacht hatt; das *capucinercloster* aber, wo der Churprintz *logirt,* bildt ich mir ein, daß es ist wo die schneyderey undt das althauß war im dritten hoff .... Was macht, daß der *respect* überal sehr abkompt, sindt zwey ursachen, erstlich weillen *Msgr.* nach nichts nicht fragt, undt so gemein man sich auch mitt ihm machen mag, findt er es nie übel, zum andern so ist das landtsknechtspiel auch viel schuldig dran, man will immer leütte haben, so gelt zusetzen können; die, die große *qualiteten* haben, seindt nicht die reichsten, man spilt also mitt allerhandt lumpenzeüg, wenn sie nur gelt haben. Alle weiber biß auff cammermagt erlaubt man *à 1a rejouissance* zu setzen; damitt die bleiben können, macht man sie sitzen; wenn die sitzen, können die weiber von *qualitet* nicht stehen, also sitzt alles ohne unterschied des *ranges* undt der *qualitet*; alles geht dann drunter und drüber; die *politesse* hatt der König allein behalten, sonsten ist sie gantz vom hoff *banisirt* ....

An Dieselbe

Versaille den 14. Mertz 1700.

.... Meine *taille* ist *monstreux*, denn ich bin klein, wie E.L. woll wißen, undt habe dicke breitte axseln, einen abscheülichen dicken hintern undt hüfften undt bauch, gar keine brüste. E.L. können leicht gedencken, daß dießes alles zusamen etwaß abscheüliches macht, aber es ist nichts dazu zu thun. Nach den kinderblattern bin ich in kurtzer zeit so geworden; befinde mich doch nicht übel darbey undt kan noch zimblich woll gehen undt reitten, seyder einem jahr habe ich nicht zugenohmen, hoffe also, daß ich nun so bleiben werde; hette ich immerfort zugenohmen, were ich endtlich gar eine kugel geworden.

Junge leütte wie der König in *Denemarck* meinen, sie werden *heros*, wenn sie nur krieg führen, undt dencken nicht, daß es übel ablauffen kan undt daß sie, wenns glück nicht will, sie ahnstatt des *heros* nur *zeros* werden; hoffe, der König in *Denemarck* wirdt gutten raht folgen ...

An Dieselbe

Marly den 6. May 1700.

.... Die gutte jungfer *Colb* betrog ich offt in meinen jungen jahren mitt nachts zu essen, allein wir aßen nicht so *delicatte* sachen alß wie chocolatte, caffé undt thé, sondern wir fraßen einen gutten krautsalat mit speck. Ich erinere mich, daß man einsmahl in meiner cammer zu Heydelberg eine thür verendert undt derowegen mein undt der *Colbin* bett in die cammer thate, so vor meiner jungfern cammer war; die *Colbin* hatte mir verbotten, nachts in der jungfern cammer zu gehen, ich versprach, nicht über die schwelle zu kommen, sie solte sich nur zu bett begeben, ich könte noch nicht schlaffen, wolte die sternen noch ein wenig ahm fenster betrachten. Die *Colbin* wolte mir nicht trawen, blieb immer ahn ihrem nachtuch sitzen; ich sagte, sie jammerte mich, sie solte sich doch zu bett legen undt den Vorhang auffmachen, so könte sie mich ja sehen; das that sie. Sobaldt sie im bett war, machten die jungfern ihre thür auff undt setzten den theller mit dem specksalat auff die schwell; ich that alß wenn mein schnuptuch gefahlen were, hub damitt den theller auff undt ging stracks ahns fenster; kaum hatte ich 3 gutte maul voll geschluckt, so schießt man auff einmahl das stück loß, so auff der *altan* vor meine fenster war, denn es war ein brandt in der statt ahngangen. Die *Colbin*, so das feüer unerhört fürcht, springt auß dem bett, ich, auß forcht, ertapt zu werden, werfe mein *serviet* mitt sambt dem silbern theller mitt salat zum fenster 'nauß, hatte also nicht mehr, das maul abzuwischen. In dem höre ich die höltzerne stiege herauff gehen, das war der Churfürst unßer *papa* seelig, der kam in mein cammer, zu sehen, wo der brand war. Wie er mich so mitt dem fetten maul undt kinn sahe, fing er ahn zu schwöhren: „*sacrement*, Lisselotte, ich glaub, ihr schmirt euch etwaß auff den gesicht.“ Ich sagte: „es ist nur mundpomade, die ich wegen der gespaltenen leffzen geschmirt habe.“ *Papa* seelig sagte: „ihr seydt schmutzig.“ Da kam mir das lachen ahn, *papa* undt alle, so bey ihm waren, meinten, ich were närisch worden, so zu lachen. Die raugräffin kame auch herauff undt ging durch meine jungfern kammer, kam daher undt sagte: „ah, wie richts in der jungfern cammer nach specksalat.“ Da merckte der Churfürst den *possen* undt sagte: „Das ist denn ewer mund *pomade*, Lisselotte.“ Wie ich sahe, daß der Churfürst in gutter laun war, gestundt ich die sache undt verzehlte den gantzen handel, wie ich die hoffmeisterin betrogen *Colbin* hatt mirs lang nicht verziehen. Diß ist eine alte *historie*, sage sie nur, umb E.L. zu erweißen, daß ich den spaß woll kene, so man in der jugendt hatt, etwaß nachts gegen der hoffmeisterin willen zu eßen ....

An Dieselbe

Versaille den 2. Januari 1701.

.... Ich bin alß *persuadirt*, daß der König mich nicht hast undt mehr mitt mir umbginge, wenn das alte weib es nicht hinderte, aber er hatt mich auch nicht lieb genung, mich nicht an ihrem haß auffzuopfern. Er mir doch 1000 *pistolger* zum neüen jahr geschickt, welches woll zu *paß* kam, wenn ich die andern jahre nicht so gar zurück geweßen were undt golt hette lehnen müßen; aber ich hab doch schon über die taußendt *pistollen* schulden gezahlt; diß jahr werde ich, ob Gott will, alles zum endt bringen. I.L. die Churfürstin von *Brandenburg* macht es wie ich alß in mein alt schreibbuch schreiben mußte: „Was nicht zu endern stehet, laß gehen wie es gehet." Ich finde so woll alß mein *padgen* nichts schwehrers, alß gegen meine eygene *sentimenten* sprechen. E.L. haben groß recht, zu sagen, daß man Chur *Brandenburg* den tittel von König hir geben wirdt, sobaldt man seiner von nöhten wirdt haben; so gehts *just* hir her... Mich deücht, den letzten christtag singt man:

„Vom himmel hoch da komme ich her,
Ich bring eüch gutte neüe mehr,
Der neüen mehr bring ich so viel,
Davon ich singen und sagen wil",

undt so mir recht ist, so endiget es mitt: „So singen wir ein neües jahr." Mich wundert, daß man die gewohnheit vom h. Christ zu *Hannover* abgeschafft hatt, denn das war doch all artig, insonderheit die gedeckte taffeln mitt bucksbaum undt kleine wackslichterger undt allerhandt farben zucker bestrewet.

Ich weiß nicht, ob E.L. wißen, daß der papst den Keyßer ermandt, keinen krieg ahnzufangen in der christenheit. Wenn der Keyßer den krieg nicht außführen kan, ist diß ein gutt *pretext* mitt ehren auß dem Handel zu kommen. Der Keyßer hatt den *papst* bitten lassen, den König in *Spanien* vor keinen König zu *declariren* undt ihm die *investiture* von *Naples* undt *Sicillien* abzuschlagen; der *papst* hatt aber geantwortet, der König in *Spanien* seye rechtmäßiger erb zur *cron* undt von allen Königreichen von *Spanien* davor erkandt undt vom *peupel* beruffen, könne ihn also anders nicht alß vor einen rechtmäßigen König in *Spanien declariren*. Hir meint man vestiglich, daß es krieg wirdt werden, undt alles rüst sich dazu. Ich glaube, daß es König *Wilhelm* nicht leydt sein wirdt, seine Engellander zu *occupiren*, damitt sie ihn desto mehr in ruhen laßen....

An Dieselbe

Versaille den 12. Juni 1701.

Nun ich von meinem ersten schrecken ein wenig ersetzet bin, kan ich nirgendts beßer trost in meinem unglück suchen, alß bey E.L., welche sein was mir in der welt ahm liebsten ist. Ich will also mein hertzlieb *ma tante* alles verzehlen. Vergangen Mittwoch morgendts war *Monsieur* seelig noch gantz frisch undt gesundt, fuhr nach *Marly*, aß dort *perfect* woll zu mittag mitt dem König. Nach dem eßen fuhren I.L. nach *St. Germain*, kamen abendts umb 6 wider gantz lustig, verzehlte unß, wie viel *tabourets* er bey der Königin in Engellandt gesehen. Gegen 9 Uhr solte ich zu nacht eßen, konte aber nicht eßen, denn ich hatte noch 4 stundt das fieber gehabt; *Monsieur* seelig sagte zu mir: „*je m'en vay souper et ne feres pas comme vous, car j'ay grand apetit*“, geht damitt ahn taffel. Eine halbe stundt hernach höre ich ein geraß, sehe *mad. de Vantadour* bleich wie der todt in meine camer kommen, die sagt: „*Monsieur se trouve mal.*“ Ich lauff gleich in I.L. kammer; sie kanten mich zwar woll, konten aber nicht reden, daß man es verstehen konte; so viel konte ich nur hören: „*vous estes malade, allés ches vous en.*“ Man hatt I.L. dreymahl zur ader gelaßen, il *oncen emetique* geben, waßer von *Chaffhausen, gouttes d'Angleterre 2 boteillen* voll, aber nichts hatt geholffen; gegen 6 morgendts hatt es sich gantz zum endt getrehet. Da hatt man mich auß der cammer mitt gewaldt geschlept, war wie ohnmächtig; man legte mich zu bett, ich konte aber nicht im bett bleiben, stundt auff undt wie ich in freüdt undt leydt allezeit ahn E.L. gedencke, so war auch mein erste gedancken, ahn E.L. zu schreiben; ich weiß aber nicht, was ich E.L. gesagt habe. Nachdem ich E.L. brieff weg geschickt, kam der König zu mir, war auch sehr *touchirt*, thate doch seinen möglichen fleiß, mir trost einzusprechen, erwieße mir viel gnade. *Mad. de Maintenon* war auch sehr *touchirt* undt sprach mir zu. Der König fuhr weg. Umb 12 verschiedt *Monsieur*; ich setzte mich gleich in kutzsch undt fuhr her. Der König schickte mir *mons. le premier*, umb zu fragen, wie ich mich befinde. Der schrecken hatt mir das fieber vertrieben. *Mad. de Maintenon* ließ mir durch meinen sohn sagen, daß es jetzt die rechte zeit were, mich mitt dem König zu versöhnen. Hirauff habe ich meine *reflectionen* gemacht undt mich erinert, wie offt E.L. mir gerahten, zu suchen, mich mitt dießer *damen* selbsten zu versöhnen; derowegen habe ich den *duc de Noailles* gebetten, dießer *damen* von meinetwegen zu sagen, daß ich so were von aller freündtschafft, so sie mir in meinem unglück bezeugt, daß ich sie bätte, doch die mühe zu nehmen, zu mir zu kommen, denn ich dörffte nicht außgehen. Dießes hatt sie gestern umb 6 gethan. Ich habe ihr gleich widerholt, wie *content* ich von ihr were undt begehre ihre freündtschafft, habe ihr auch gestanden, daß ich übel zufrieden mitt ihr geweßen, weillen ich gemeint, daß sie mir des Königs gnaden entzogen undt mich gehast hette, daß ich es auch von *mad. la dauphine* erfahren, wolle aber gerne alles vergeßen, wenn sie nur meine freündin sein wolte. Hirauff halt sie mir viel schönne undt *eloquente* sachen gesagt und ihre freündtschafft versprochen, undt wir haben unß *ambrassirt*. Hernach habe ich ihr gesagt, es were nicht genung, daß sie mir entbotten, daß der König mir ungnödig were, sie müste mir auch sagen, wie ich wider in gnaden kommen könte. Darauff hatt sie mir geraten, gantz offenhertzig mit dem König zu sprechen, selber gestehen, daß ich sie gehast hette, weillen ich gemeindt, daß sie mir böß *office* bei dem König thete, auch worumb ich böß über den König geweßen. Dießen raht habe gefolgt, undt wie mir *Monsieur* gesagt hatte, daß der König auch böß were, daß ich E.L. zu offenhertzig schreibe, so habe ich auch diß *article tractirt* undt gesagt, daß diß I.M. nicht müste wunder nehmen, daß E.L. die person von der welt weren, meisten attachirt were auß *reconnnoissance* undt auß *inclination*, daß ich E.L.

mein Hertz zu allen zeiten öffnete undt daß, so lang I.M. mir Dero gnaden erzeigt, hette ichs E.L. gerümbt, da I.M. mich übel *tractirt*, hette ich E. L. geklagt, undt könte nie anderst vor E.L. sein. Der König sagte, er wüste nichts von meinen brieffen, hette keinen gesehen, es were nur eine einbildung von *Monsieur* geweßen; er finde nicht übel, daß ich E.L. alß eine mutter ehrte undt liebte; aber E.L. hasten ihn. Ich sagte, E.L. *admirirten* alle zeit seine große *qualiteten*, allein wenn es I.M. beliebte, würden sie auch von E.L. geliebet werden. Nachdem ich I.M. alles außgelegt und clar bewiesen, daß, so übel sie mich auch *tractirt*, ich sie doch jederzeit *respectiret*, und geliebet hette, ja alle zeit große freüde gehabt, wenn sie mich nur bey sich leyden wollen, da hatt mich der König *ambrassirt*, gebetten, das vergangene zu vergeßen, undt hatt mir seine gnade versprochen, lachte auch, wie ich gantz natürlich zu ihm sagte: „si je ne vous avois pas aimé, je n'aurois pas tant haï mad. de Maintenon, croyant qu'elle m'ostoit vos bonnes graces.“ Endtlich hatt sich alles gar gnädig geendet. Ich habe zu I.M. gesagt, daß wie diß der eintzige trost in meinem unglück were, so könte ich nicht laßen, E.L. solches heütte zu berichten, welches I.M. *aprobirt* haben. Heütte werde ich noch einen betrübten tag haben, denn umb 3 wirdt der König wider herein kommen, umb *Monsieur* seelig *testament* zu öffenen, welches mich greülich jammern undt schmertzen wirdt....

An Markräfin Amalie Elisabeth von der Pfalz

Fontainebleau den 4 Novembris 1701.

Hertzliebe Amelise, gestern habe ich auff Louiße brieff geantwortet undt heütte werde ich auff die Ewere antwordten, so vom 15 undt 28 Oktober sein. Es ist war, daß ich eine zeithero vom gar ernstlichen undt recht langweiligen Sachen mit Louise habe sprechen müssen, welches mir leydt genung. Ich habe hoch von nöhten, daß man mich lachen macht; den diß wirdt sehr rar bey mir. ...

Ich fürchte, zu kunfftig jahr werdet Ihr den krig näher haben, alß in Ittalien. Wer in dießem landt nicht spilt, muß all sein leben die parthey nehmen, nicht hinter dem offen zu sitzen, aber woll camin; dahinter sitzt man, gantz einsam undt allein, undt wer es noch waß, wen man artige rätzelger hören könte. Bißher haben wir hier daß schönste wetter von der welt gehabt; ich habe es mir auch braff zu nutz gemacht, bin alle tag im walt spatziren gangen. Weillen ich nicht weiß, waß man alß im herbst thut, noch wie man sich dort divertirt, so kan ich nicht sagen, ob es mir gefallen könnte oder nicht. Viel trauben eßen gereütt man etlich mahl, wen man einen braffen tribsdrill bekompt, welches schir allemahl geschicht, wen man zu viel trauben frist. Diß jähr ist dieße kranckheit sehr gefährlich undt wirdt leicht eine rotte ruhr drauß; es seindt unerhört viel leutte ahn der ruhr diß jahr hir in Franckreich gestorben. ...

Der könig continuirt, mir große gnadt zu erweißen. Ven gutten wunsch, so Ihr thut, daß gott des königs hertz regiern möge, damitt ich noch ferner vergnügt leben möge, meritirt noch eine absonderliche dancksagung. wen man so alt ist, alß ich bin, vergeht alle lust von sich selber; den man wirdt alles müht, aber gridtlich zu sein, kan man sich woll endtwehren. Es ist woll gewiß, daß große trawerigkeit sterben macht, hirin hatt der könig Salomon groß recht. Meint Ihr, liebe Ameliße, daß ich die bibel nicht mehr leße, weillen ich hir bin? Ich lese alle morgen 2 capittel. Ihr müßt nicht meinen, daß die frantzösche catholischen so alber sein wie die teütschen catholischen; es ist gantz eine andere sach mitt, schir alß wens eine andere religion were. Es lest hir die heylige schriefft, wer will; man ist auch nicht obligirt, ahn bagatellen undt abgeschmackte miracle zu glauben. Man helt hir den papst nicht vor unfehlbar; wie er monsieur de Lavardin zu Rom excomunicirte, hatt man hir nur drüber gelacht. Man bett ihn nicht ahn, man helt nichts auff wallfahrten undt hundert dergleichen, worinen man im landt gantz different von den teütschen catholischen ist, wie auch von den Spaniern und Ittallienern. Ich komme aber wider auff waß Ihr von der melancoley sagt. Es ist nur gar zu war, daß die trawerigkeit zu nichts nutz ist; allein es stehet nicht allezeit bey unß, lustig oder trawerig zu sein, undt es ist schwer, lustig zu sein, wen man sein leben einsam zubringen muß, nichts hatt, so einem eygendtlich erfrewen kan, undt in der that manche trawerige sachen auff dem hals hatt. Die lust runtzelt eben so sehr, daß der chagrin, undt wen man offt in die son undt in den windt geht, runtzelt man ohnfehlbar; daß lachen runtzeln eben so sehr, alß daß weinen. Ich finde die glücklich, so affairen verstehen können; mir seindts lautter spanische dörffer. Die menage begreiff ich auch gar übel, komme spät dazu, etwaß zu lernen, doch werde ich es so gutt machen, alß daß ich kan. Ewer hauß wirdt eher in richtigkeit gebracht werden, alß daß meine; den Ihr gar gewiß weniger leütte zu versorgen habt, alß ich; aber genung hirmitt von dießen verdrießlichen sachen; den alle affairen, wie sie auch sein mögen, kommen mir verdrießlich und langweillig vor. Ich versichere Eüch, liebe Amelißе, daß ich gantz undt gar keine ambition habe undt nichts weniger wünsche, alß königin zu sein. Je höher man ist, je gezwungener muß man leben, und wehre die stelle von Madame eine charge, so man verkauffen könte, hette ich es lengst gar wollfeill weg geben, will geschweygen den, daß ich eine königin zu sein wünschen solte. Die princes von Savoye kompt nicht unschuldig zum königreich; sie ist ja von dem rechten stoff, da man die königinen von macht, undt von vatter- undt mutterseytten nichts ahn ihr zu tadlen. Sie ist Monsieur s. enckel; aber die meine nicht, wie Ihr woll wist; aber daß gutte kindt schreibt mir mitt solche amitié, alß wen sie in der that mein enckel were. Daß kompt, weillen ihre fraw mutter kaum zwey Jahr alt war, wie ich in Franckreich kamme, wuste also nichts von ihre eygene fraw mutter, hatt mich also so lieb bekomme, alß wen sie mein leiblich kindt wehre. Ich habe die gutte hertzogin auch von hertzen lieb undt mache keinen großen unterschiedt unter meinen kindern und I.L. Die hatt ihrer fraw dochter, der königin, dießes eingepregt, daß sie mich lieb haben solle. Die wir hir haben, ist zu jung von ihrer fraw mutter kommen, hat also ihre sentimenten nicht. Die junge königin thut ihr reiße zu landt. Der könig in Spanien undt seine gemahlin seindt freylich junge eheleütte, sie machen nur 31 jahr zusammen; den der könig wirdt dießen December 18 jahr alt werden und die königin ist 13 jahr alt seyder dem September. Daß zwey bruder zwey schwestern nehmen, ist nirgendts verbotten, aber woll, daß man zwey bruder oder zwey schwestern nach einander nimbt. Engellandt ist gar nicht ihr weg, weder zu waßer noch zu landt, geweßen. Man sagt hir, könig Wilhelm hette die waßersucht und seye todtkranck; ich werde es aber nicht glauben, biß ich anderwerts her erfahre. Es were schadt, daß so ein verstandiger könig so wenig leben solte. Waß man ihm aber beschuldiget, ist nur gar zu war. Alle jungen Engelländer, so mitt mylord Portlandt ambassade herkammen, alß sie sahen, daß es zu Paris eben zugeht wie bey ihrem hoff, haben sie keine scheü gehabt, alles gantz natürlich zu verzehlen, wie es hergeht, sollte von dem Albemarle verliebt gewest sein wie von einer damen undt ihm die händt vor alle menschen geküst haben. Daß große zeichen noch, daß dießer könig verliebt von jungen mänern ist, ist, daß er nichts nach weiber fragt; den glaubt mir, liebe Ameliße! die mäner seindt so, sie müßen eines oder daß andere lieben. König Carl s. hatt allein die Weiber geliebt. Es seindt aber noch vielle, die beyde lieben; deren findt man hir gar viel und mehr, alß von denen, so nur von eine inclination sein. König Carl ist nicht verliebt von madame Mazarin geweßen, sondern von madame de Porthsmuth undt von einer commediantin. Die mäner glauben, die weiber können nicht sein, ohne waß zu lieben, weillen sie selber es sein; drumb muß man ihnen dieße fragen zu gutt halten. Ich glaube, daß lieben oder nicht lieben nicht allerdings bey unß stehet, aber die haben gott zu dancken, denen er hirinen einen ruhigen sinn gibt undt vor solch unglück bewahrt, so taußendt andere unglück nach sich zicht. Drumb muß man mittleyden mitt denen haben, welche gott in solch unglück fallen lest, undt ihn fleißig bitten, unß davor gnädig zu bewahren. Ewer art von schreiben, liebe Ameliße, gefehlt mir recht woll undt bin gar content darvon. Carl Moritz machts nun auch beßer, alß er ahnfangs gethan, bin woll mitt seinem letztem brieff zufrieden geweßen. Complimenten seindt gutt vor leütte, so man nicht kenen will undt welchen man nicht lieb haben will undt also nichts anderst zu sagen hatt; die speist man mitt einem compliment ab, aber die man lieb hatt, denen sagt man, waß man denckt, wie wir jetzt thun.

An Raugräfin Luise von der Pfalz

Versaille den 10 Decembris 1701.

Daß testament von mein herr vatter s. ist mir gar woll zu paß kommen; es solle, wie man mir versichert, mir gar nöhtig geweßen, dancke Eüch also nochmahlen von hertzen davor. Vom Zweyffel werde ich nichts mehr sagen; Ihr wist nun woll, wie alles gangen. Ohne eydt undt schwur kan undt will ich Eüch, lieb Louiße, woll glauben, daß Ihr nicht gern bettelt. Herr Jesus, wo soltet Ihr daß gelernt haben? Hiemitt ist Ewer erstes schreiben vollig beantwortet; ich komme jetzt auff das zweyte. Ich habe woll gedacht, daß Eüch Zweyffels propossitionen undt mitt einem wordt bettelleyen nicht gefahlen würden. Mein heürahtscontract hatt man so ellendt auffgesetzt, daß wen ich ein burgersdochter were; kan nicht begreiffen, wie I.G. der churfürst s. mich selbigen hatt unterschreiben machen. Aber mein hauß ist so groß, daß, ob der könig mir zwar 250 taußendt francken pension giebt undt man mein heürahtsguht undt alles dabey regnet, so fehlt es noch ahn noch einmahl so viel, alß der könig mir gibt, umb mich nach meinem stand gemeß zu unterhalten, undt daß, weillen auff alle chargen gerechtigkeitten seindt, alle erkaufft sein und ich also nicht retranchiren kan, auch hir im landt so thewer undt nutzer preiß ist. Es ist also gar weit gefehlt, daß ich die pfaltzische gelter frey undt zu spielgelt, so zu sagen, haben solte; ich muß sie haben, meinen standt zu erhalten, undt werde nichts davon apart zu legen haben, Were es, wie Ihr es gemeindt, würde ich gar gewiß vergnügt leben, aber ich bin leyder weit davon. Wen die sachen woll gehen, ist es ein spaß, davon zu reden, aber wen sie übel gehen, ist es warlich gar keine lust, sondern macht recht gridtlich. Sie docktoren in recht machens den eben auch, wie ich sehe, alß die von der medecin. Ich kan leicht gedencken, wie Ihr wünscht, von dießen leütten befreyet zu sein. Ich bin froh, daß mein compliment der fraw von Wolmerhaußen ahngenehme geweßen. Es ist mir leydt, daß die gutte fraw so alt wirdt; sie ist doch, wie ich glaube, nur 84 alt; es were mir recht leydt, wen sie sterben solte. Ich wuste schon durch ma tante, die fraw churfürstin, daß mein neuveu, der junge landtgraff, wider zu Cassel ahnkommen .... Mein, dochter undt ihr herr seindt rechte kälber; es ist eine schandt, daß sie so kindisch sein. Mein dochter hatt sich bleßirt, weillen sie mitt ihrem herren gespilt, so ihr die arm verthrehet, ist den 4ten tag drauff ins kindtbett kommen. Vor alle gutte wünsche dancke ich Eüch von hertzen, liebe Louiße! Ich mißgönne Euch zwar die gnade nicht, so Ihr haben werdet, ma tante auffzuwartten, ich mögte es aber auch gern thun. Man rufft mich; es ist zeitt, nüber zum könig zu gehen. Ich kan ohnmöglich dießen brieff überleßen; bitte, entschuldigt die fehler, liebe Louiße, undt glaubt, daß ich Eüch undt Ameliße allezeit von hertzen lieb behalte.

Elisabeth Charlotte.

An Kurfürstin Sophie von Hannover

Versaille den 20. April 1702.

.... Ich schenckte gestern *mad. de Chasteautier* Einen schönnen *papagay*, der blauttert unerhört. Ich wolte hören, was er sagen kan, ließ ihn in meine cammer; meine hunde wurden *jalous*, undt eine, so *Mione* heist, wolt ihn ahnbellen; der *papagay* sagte alß „donne la patte"; ich wolte, daß E.L. hetten sehen können, wie verwundert *Mione* war, den vogel sprechen zu hören: sie hörte auff zu bellen, sahe ihn starck ahn, hernach mich; wie er fortfuhr zu reden, erschrack die *Mione* wie ein mensch, lieff davon undt versteckte sich unter das lotterbett, da fing der *papagay* überlautt ahn zu lachen. Das machte mich ahn herr Leibnitz gedencken, daß E.L. sagen, daß er *soutenirt*, daß die thiere verstandt haben, keine *machine* sein, wie es *Descarte* hatt behaupden wollen, undt ihre seelen unsterblich sein. In jener welt werde ich mich sehr erfrewen, nicht allein verwante und gutte freünde wider finden zu können, sondern auch alle meine thierger, aber were woll *atrappirt*, wens bedeütten solte, daß meine seele so sterblich alß die ihrige werden solte undt daß wir alzusamen nichts mehr sein solten, will lieber das andere glauben, denn es ist viel tröstlicher ....

An Raugräfing Amalie Elisabeth von der Pfalz

Versaille den 7 Januari.

Hertzliebe Amelißе, ... Der abscheü von den comedien kompt nicht von wie sie nun sein, sondern wie sie geweßen vor dießem, da allerhandt unzucht drinen getrieben wardt. Weren sie gewesen, wie jetzundt, würde man es eher befohlen, alß verbotten haben, weillen sie, wen man es nimbt, wie man es nehmen solle, es mehr guts, alß bößes, zuwegen bringen kan undt, ich sage es noch, es mehr capable ist, die tugendt zu animiren, alß eine schlechte predig. „Wie schickt sich Christus mitt Bellial?" ist baldt gesagt. Es ist aber schwer, zu expliciren. Der alte Adam muß sich finden in waß böß ist, aber waß zum gutten leyten kan, da verspürt sich der alte Adam nicht. Augen undt ohren kitzeln ist nicht schlim, wens nur, wie schon gesagt, zum gutten führt. Die prediger bestraffen die commedien, weillen sie vor dießem seind bestrafft worden, da sie straffens würdig wahren. Es ist aber ein zeichen von ihrer ignorentz, daß sie nicht examiniren, ob sie noch straffens würdig sein. Man wendt allzeit sein serieux zu Gottes ehr, wen es die tugendt zum grundt hatt. Waß woll gerett undt schön ist, braucht kein lachen, sondern nur, waß ridiculle ist, undt kan ich nicht begreiffen, worum mich etwaß ridicullеs mehr vergnügen solle, alß etwaß serieux, so mir den weltlauff erweist, deßen man in dießer weldt woll zu studiren hat. Aber in dießem allem liegt viel, wie man erzogen ist worden. Daß starcke lachen, insonderheit wen es ohne ursach geschicht, kompt vom miltz eben so woll, alß weinen. Ich höre viel von der philosophie, die weldt vor nichts zu schätzen; aber in der pratica findts sichs wenig undt ich habe offt gesehen, daß, die sich ahm meisten berumbt, offt die schwächsten in der noht gefunden. Ich gestehe meine schwachheit; geht mirs nach meinem gefallen, bin ich lustig, kommen mir verdrießlichkeit, bin ich unlustig, bis es vorbey ist. Ich strebe nicht wider dem allerhögsten, ich verzage nicht; ich dencke aber, daß er mich züchtigt, damit ich es entpfinden mag, bin also nach seinem willen lustig oder trawerig, nachdem es gottes wille ist; daß hindert weder seine vorsehung noch barmhertzigkeit noch daß vertrawen, so man dazu haben solle. Unßer humoren gehen auch, nachdem er unßer herrgot verhengt hatt, also muß einer woll mitt dem andern geduld haben; zudem so begreifft ein jeder nach dem verstandt, so ihm gott geben hatt. Ich muß lachen, daß Ihr sagt, damitt die damen auch plaisir haben mögen, so bey Eüch zu gast wahren, so hettet Ihr 3 messieurs dazu gebetten undt von 3 diferenten nationen. Ich wolte, daß die ministre d'estat mittel finden könten, diese 3 nationen so woll zu vergleichen, alß Ihr gethan, so würden wir baldt einen gutten frieden haben. Da kompt meines sohns gemahlin mitt ihrer elften dochter herrein, muß also schließen undt vor dißmahl nichts mehr sagen, alß wie ich Eüch allezeit lieb behalte.

Elisabeth Charlotte.

An Dieselbe

Versaille den 17 Februari 1704.

Hertzliebe Amelißе, ... Sie mögen ja nur unßere brieffe sehen, so werden woll finden, daß man von keinen staadtssachen spricht; also mögen sie woll unßere brieffe lauffen laßen. Ich gestehe, daß ich offt verwunder bin, zu hören, wie es in Teütschland nun zugeht; alles muß in den 32 jahren, so ich hir bin, erschrecklich geendert sein. Mich wundert, da doch so viele leütte in Franckfort sein, wie man sich nicht beßer dort in dem letzt verwichenen carneval divertirt hatt. Zu Hannover macht man sich braff lustig. Gott gebe, daß es lange weren möge undt erhalte sie alle bey gutter gesundtheit! Ich bin woll Ewerer meinung, liebe Amelißе, daß man der divertissementen woll entberen kan, wen man nur seine zeit ohne verdrutz undt ruhig passiren kan; allein in dießer weldt gehts nicht so gladt ab, der verdruß kompt undt findt sich offter undt eher, alß die freüde. Ihr würdet einen gutten prediger sein, liebe Amelißе! Den alles, waß Ihr sagt, ist eben so gutt alß eine fastenpredig, undt da schlaff ich nicht bey, wie bey alle andere predigen hir; den man geht hir eine halbe stundt nach dem eßen in die predigt, kan mich also ohnmöglich deß schlaffens enthalten, undt es ist keine eintzige predig, wo ich nicht in schlaffe; heütte noch habe ich so geschlaffen, daß mir kopff davon schwindelt. Hir findet man gar wenig weibsleütte, so nicht von natur coquet sein, undt ist es recht rar, wen man eine findet, so es nicht ist. Vor gott mag es woll schlim sein, aber vor der weldt ist es lustiger, daß ist gewiß. Die coquetten flattiren sich, weillen man in der heylligen schriefft findt, daß unßer Herr Christus so viellen von ihren gattungen gnädig geweßen, daß er sich ihrer schwachheit auch erbarmen wirdt, alß nehmblich der Marie Magdelaine, der Samaratin, dem weib, so im ehebruch begriffen war; daß flatirte sie. Ihr meindt, Ihr würdet der coquetterie baldt müde werden; allein ich habe ahn viellen hören sagen, daß wer einmahl verliebt geweßen ist, kan sonst kein spaß mehr ohne den leyden undt daß mans nie müde wirdt. Wie ich sehe, so ist Ewer humor jalous, liebe Amelißе! Wolte Eüch also nicht rahten, coquet zu sein; Ihr müstet zu große qual außstehen .... Es ist jetzt eine große freüdt in Lotheringen, daß mein dochter, gott seye lob und danck, einen printzen bekommen; bin versichert, daß Ihr Euch auch deßwegen mitt mir erfrewet. Ädieu, liebe Amelißе! Seydt versichert, daß ich Eüch biß ahn mein endt wie auch Louiße recht lieb behalte!

Elisabeth Charlotte.

An Dieselbe

Fontainebleau, den 1. Octobre 1704.

Heute habe ich den tag mit Einen Contretemps ahngefangen, ich war schon gantz ahngethan umb mit meines sohns hunden zu jagen gehen, aber der König hat den durchlauff bekommen und geht nicht auff die jagt, habe mich also gantz wider ahn kleiden müßen. Ich bin nicht so baldt wider in weiber kleyder fertig gewesen, so hat mir Madame d'Orleans sagen laßen, das die Duchesse de Bourgogne auff die jagt gingen, ob ich nicht auch hin wolte. Ich habe mich aber nicht resolviren können, mich zum 3ten mahl wider anderst ahn zu thun. La Fare ist nicht hir, so baldt ich ihn aber sehen werde, wil ich ihm sagen, wie E.L. seine versen approbiren, welches ihn sehr freuen wirdt. Ich sehe wol, das E.L. papas s opinion sein und auch glauben, das Es beßer in der weldt zu gehen würde, wen die weldt von die 3 Charlatans würde befreyet sein, die Pfaffen, die docktoren und advocaten. Ich glaube nicht, das es der wahren Religion schuldt ist, das alles übel geht, sondern nur deren die die Religion zum pretexte nehmen, nur ihre politic zu folgen. Ich muß lachen, das E.L. schir so Eine lange litanie haben von was die Religion übels gestifft, als St. Paulus Eine macht von den so durch den glauben gerecht werden sein. Womit E.L. schliesen, ist mit unsers herrn Christi Eygenen wortten, den Er sagt, das Gott liben von gantzem hertzen und gantzer seelen, darin bestehet das gesetz und die prophetten, muß also wol die rechte religion sein. Madame du Maine hat viel verstandt und ist sehr gelehrt, man kan darauff frantzösch sprichwort cittiren: *C'est dans les petites boites que sont les bonnes drogues*. Der König hat viel gefangene von den 3 schlachten, so vergangen jahr gewunnen sein worden als nehmlich die 2 von Villars und von Speyer, darnach auch seindt in den platzen, so der König in Savoyen Ein bekommen, viel gefangene gemacht worden, kan also gar wol sein, das man genung hat umb die gefangene auszutauschen, den man ist nicht allezeit unglücklich auf dieser seytten gewesen, wie E.L. woll wissen. Ich finde, das Es Eben nicht übel gethan ist, die schuldt, das die schlacht verlohren worden, auff die todten zu legen, den denen kan Es nicht schaden und den lebendigen hette Es schaden können, und Es seindt schon Etliche über ihr übel verhalten gestraft worden. Der general unter uns geredt, mus sein handwerck nicht recht verstanden haben, das Er nicht begriffen wie avantageux und vortheilhaffte seine troupen hinter dem morast und auff der höhe gestellt waren, aber wie E.L. gar recht sagen, wen Ein unglück sein sol, so mus sich alles dazu schicken. Ich bin froh, das man unser Ehrliche Braunschweiger nicht genennt hatt, den sie haben bey die, so sie gesehen und kennen, doch nicht weniger Ehre

Eingelegt, und man wirdt sie hir nicht hassen, weil die Brandenbourger so unglücklich gewesen .... Ich bin persuadirt, das der römische König mühe wirdt haben bey dem regen wetter Landaw zu belägern. Die Printzes von Zweybrücken hat Ein teusch Cammer medgen zu Paris gelassen, so Etlich mal zu mir kompt, sie hat verstandt und verzehlt recht possirlich. Sie sagt die Printzes hette als zum Gersdorff gesagt, ich habe euch eine ordre zu befehlen, kompt was näher. Den nahm sie ihn bey der handt und sagte, mein kindt laß Dir küssen. Die Kammer magt fing ahn zu schmehlen und sagte, Ey potzteuffel Ewer durchleucht das lest sich nicht thun, das Eine hohe Printzessin sich gar so gemeine macht mit ihren Edelmann und kompt Er wider, wil ich dem Ellementen Edelmann die thür vor der nas zu schlagen. Du hast recht, sagte die Princes und fing ahn zu weinen. Aber Ein stundt hernach sagte die princes, laß mir meinen Gerstorff hollen, ich wil ausfahren. Die Cammer magt sagte, aber gnädige Printzes, wie solle Es her gehen. Wol sagte die printzes, den ich habe meine liebe über meistert. Den kam gerstorff wider und sahe zimblich trotzig drein, die Printzes sagte, mein Gertorff wolt ihr Catholisch werden. Nein I.D. sagte Gertorff ganz frotzig. Ich mus euch bekehren, sagte die Printzes, fing ahn gantz heimlich zu reden und im follen reden küste sie wider. Die kammer magt sagte, ist dies Eine bekehrung, Es ist der teuffel selbst. Was wilstu, sagte die Princes, die liebe ist Eine gefährliche sache, wer kan ihr Entgehen. Die Cammermagt ist auch allezeit fest drauff geblieben, das Es der gerstorff sein muste, mit welchem die Printzes durchgangen. Ich sahe wol, das sie quinten hatte, aber so gar närrisch hatte ich wol nicht gemeint, das sie were. Sie mus Es machen, als wie das frantzösche liedt lautt, *vivre avec son Iris dans une paix profonde et ne conter pour rien le reste du monde*, so machen Es diese beyden auch, aber wie kan sie gerstorff frau sein, da sie Einen geheurahten man nimbt, ich meinte *la poliegamie c'est un Cas pendable*, wie man im opera singt. Freylich habe ich gerstorff gesehen, Er ist wol geschaffen, aber auch nicht schön wie Ein Engel, wie hundert andere ... Es ist nicht vor eine reditte zu halten, wen man von was spricht, wo von man schon gesprochen, wen a propos kompt, ich sauffe mich gott lob nicht vol, aber ich habe viel öffter durst als hunger. Es sein viel leutte so aberglauben ahn taffel zu sitzen, andere umb das salz fas nicht umb werffen zu sehen. Mademoiselle Gargant hat Madame de la Mailleray, die oncle Rupert gern gesehen, Neveu geheuraht, Er ist längst ahn den Kinderblattern gestorben. Ich bin unschuldigerweise ursach ahn seinen todt, Er kam oft zu mir. Eine von meinen jungfern, freullens solte ich sagen, war seine Schwefter, wir sprachen offt von der gesundheit und Er fandt, das ich mich wol drauff verstunde. Er bekam nach mir auff der See die Kinderblattern, das geschrey war zu Paris gangen, das ich den 7ten Tag mein fenster auff gemacht hette und frische lufft genohmen. Das war nicht wahr. So baldt man ihm dieses sagt, ohne sich recht bey seiner schwester zu erkundigen, ob Es wahr ist oder nicht, machts auch so und stirbt dar von. Es war mir recht leyd umb ihn, den Es war gar Ein wackerer Ehrlicher man. Ich glaube, König Augustus würde dem neuen Rönig, wofern Er ihn in Warschau Ertapt hette, den Kopf wol vor die füße geschlagen haben. Das hette ich nicht gedacht, das der Papst vor König Augustus sein würde. Es ist lengst meine Meinung, wie E.L. wissen, das der König in Schweden aufhören solte und das Holländische sprichwort folgen, Es wirdt ihm gereuen, wen Es zu spät sein wirdt, das Er mit seinen vetter dem König in Polen nicht fride gemacht hatt. So Ein haß ist weder Christlich noch reputtirlich. Man meint nun das sich die fanatiquen Entlich besänfftigen werden, den man hatt den meisten Erlaubt nach Genève zu ziehen und den andern administie geben ....

An Raugräfin Amelie Elisabeth von der Pfalz

Versaille den 5 Mertz 1705.

Hertzliebe Amelise, vergangenen dinstag, wie ich zu Paris bey meinen kindtskindern ware, habe ich Ewer schreiben vom 26 Februari zu recht entpfangen. Louise hatte mir geschrieben, daß Ihr nach dem s. absterben der lieben undt schönnen königin in Preüßen auch kranck geweßen seydt. Daß, meinte ich, hette Eüch ahn schreiben abgehalten; bin fro, daß Ihr wider gesund seydt. Mein leben hatt mich nach Monsieur s. todt nichts mehr erschreckt und bestürtzt, alß dießer schönnen königin so geschwinder todt, welchen ich woll von grundt meiner seelen beweint habe. Es ist woll war, liebe Amelise, daß dießes sehr moralisiren macht. Waß Eüch dabey eingefallen, gemandt mich ahn daß lutherische todtenliedt, daß ich offt gesungen, wie ich zu Hannover war.

Heütt seindt wir schön, gesundt und starck,
Morgen todt und ligen im sarck.
Heütt blühen wir wie die roßen rot,
Baldt kranck undt todt.
Ist allenthalben müh undt noht.

Ich kan nicht begreiffen, warumb man ma tante nicht gleich auß dem hauß geführt hatt, so baldt sie ihr unglück erfahren; den in demselben hauß zu sein, wo der todten corper ist, daß ist etwas abscheüliches, so die betrübtnuß stündtlich verneüern muß. Ich bin lenger, alß 10 nächte, geweßen, daß ich nicht habe schlaffen können auß ängsten vor ma tante, die fraw churfürstin, biß ich vernohmen, daß es, gott lob, beßer wirdt. Es ist beßer, liebe Amelisse, daß ma tante sich nicht zwingt undt ihre threnen fließen lest, als wen I.L. sich verhalten solte, welches gar ungesundt were. Ach, hette ich die wahl können haben, würde ich auch woll vor dieße liebe königin gestorben sein; den die königin hette ma tante über mich trösten können, ich kan I.L. aber nicht über dieße ahngenehme königin trösten, leyder; aber gott der allmächtige hatt es so vorsehen, dem man woll still halten muß undt sich in seinem h willen ergeben. Es graust einem, wen man ahn dießem carneval gedenckt. Es ist keine albertet, nichts lustiges vorzubringen, liebe Ameliße, wo nichts alß trawerige sujetten vorhanden sein. Es wäre unmenschlich, solch unglück nicht zu entpfindten. Adieu, liebe Ameliße! Seydt versichert, daß ich Eüch recht lieb behalten werde! Ambrassirt Louise von meinetwegen!

Elisabeth Charlotte.

An Dieselbe

Versaille den 17. December 1705.

.... Alles, waß unßern Herrgott betrifft, daß lest sich nicht vexiren; waß aber seine dinner betriefft, die menschen seindt wie wir undt etlich mahl noch mehr schwachheiten haben, alß andere, da, glaube ich, ist woll erlaubt über zu lachen, wen es auch nur were, sie von ihre fehler zu corigiren. Ich mache mich nie kein gewißen über waß mich; den deücht es nichts, so ist es deren schuldt, so es sagen, undt nicht die meine; ist es indifferent, so gibt es keine rewe. Die herrn prediger seindt ordinari nicht sehr zeitvertreiblich. Mich deücht, man verliehrt den respect vor die geistlichen, wen man sie so nahe undt offt sicht; aber es ist gewiß, daß es leütte wie andere sein. Gott gebe, liebe Ameliße, daß ich in der gnade gottes stehen möge! Ich fürchte aber, ich sey von den lauen leutten, so gott außspeyen will, den ich thue weder guts noch böß. Unßer herr vatter hatt alles woll gethan, waß einen regenten zukompt; aber sie liebten die predigen bey weittem nicht so sehr, alß Ihr undt Louiße. Ich gestehe, daß es billiger undt beßer ist, nie alß mit respect undt soumission von religion undt himmel zu reden; allein ich glaube, wen nur auß lustigem humor undt nicht auß boßheit oder Verachtung der religion einem einige vexirerey entfahret, daß es eben keine todtsündt ist undt daß es schir übeller gethan ist, medißance von seinem negsten zu sagen, alß mitt religionssachen possen zu treiben; den wen man mitt religionssachen possen treibt, macht mans zu grob, ist es nur schlim vor sich selber; waß aber den negsten betrifft, daß gibt inpression, man glaubts undt benimbt dem negsten die ehre, welches doch in allen religionen so hoch verbotten ist undt daß zweyte groβe gebott in sich helt. Aber ich glaube, daß in allen sachen ein unterschiedt muß gemacht werden, daß man über den negsten lachen kan, wen es nicht gegen die ehre geht. *Le malade imaginaire* ist nicht von Molière commedien, so ich ahm liebsten sehe; Tartuffe gefehlt mir beßer. Daß ist sehr ordinarie, daß schwangere weiber kein fleisch richen können ohne übel werden. So war ich auch. Man ist gern, was man in seiner jugendt zu eßen gewohnt ist. Es ist nun 34 jahr, daß ich in

Franckreich bin undt habe mich noch nicht ahn daß eßen hir im landt gewohnen können, es mein leben kein ragoust ....

Elisabeth Charlotte.

An die Kurfürstin Sophie von Hannover

Versaille den 7. Februari 1706.

.... In meiner schönnen bibel seindt keine Churfürsten von Saxsen noch doctor Luther, sondern nichts als biblische *historien*; E. L. ihre muß noch anderst sein alß die meine so nur in einem *torne* ist. Die schönne kupfferstück machen lust zu leßen. Man hört zu offt von der bibel reden, umb die *historien* davon vergeßen zu können; man findts überall gemahlt. Ich begreiffe noch fasse die bibel noch weniger alß E. L., aber ich leße die bibel gern, insonderheit das alte testament; was ich aber in der bibel ahm ungernsten leße, seindt die episteln, die finde ich undeütlich undt langweillig. Klle menschen lügen woll, ich glaube aber, man solle die nur vor rechte lügner halten, so allezeit lügen undt ganße historien erdencken, undt in dem fall weren nicht alle menschen lügner. E. L. haben woll groß recht: wer nichts eytel will finden, müste die weldt räumen, wie wenig kenne ich die Heydelbergische aufferzucht in *Louisse* undt *Amelisse* übermäßige gottesfurcht ... Da springt *Titi* auff mein papir undt macht mir zwey saüe machen, bitte demütigst umb verzeyung, aber ich hoffe, daß mir E.L. erlauben werden, dießen brieff nicht wider abzuschreiben undt *Titi impertinentz* gnädigst entschuldigen, denn ich habe heütte gar viel zu schreiben; ich muß noch in Spanien, Engellandt undt Lotheringen wie auch ein paar brieff nach Paris schreiben ... Ahn kein frembt gedrenck habe ich mich nicht gewohnen können, wolte lieber warmbier mitt *musscadnus* drincken, alß *chocolatte, caffé* undt *thé,* kan keines von dreyen vertragen, kompt mir wie *medicin* vor; keine frantzosche *ragoust* kan ich auch nicht eßen, finde sie gar nicht gutt, sawerkrautt undt brauner kohl schmecken mir beßer; diß letzte kan man hir nicht haben, das erste aber eße ich etlichmahl, denn ein cammermagt von der *printzeß* von Zweybrücken ist zu Paris blieben, so von Straßbourg ist, die bringt mir offt gutt sawerkrautt, so sie selber macht und kocht. Ich glaube, daß, wenn man wie vor dießem sich ahn die harrten speyßen gewonte, daß die junge leütte starcker sein würden; nun können die junge leütte weder stehen noch gehen; zu meiner zeit stundt man einen gantzen tag ohne müht werden. Es wundert mich zu sehen, wie die jugendt nun ist; ich glaube, die zeit wirdt kommen, daß sie sich alle in betten werden herumb tragen laßen wie krancke ....

An Dieselbe

Versaille den 25. Februarius 1706.

Ich bekam gestern ein schreiben der fraw von Ratzenhausen von Strasbourg. Die verzehlt mir, daß sie ahn Einen fenster in ihren hoff Einen soldaten gesehen, welcher Einen gar großen kupfern kessel trug, den Er kaum tragen kundt, wie Er sie ahm fenster sieht, rufft Er, fraw wolt ihr Einen schönen kessel kauffen. Die Ratzenhauserin antwort nein, du hast ihn vileicht gestolen, packe dich geschwind mit deinen kessel aus meinen Hause. Er antwort, so wolt ihr den den kessel nicht; nein sagte sie, gehe nur geschwind weg. Er macht ihr Eine grose reverentz und gehet mit dem kessel fort. Eine halbe stundt hernach kommt die magt geloffen und rufft, fraw man hat euch unsern wäschkessel aus der mauer gestohlen. Da sahe sie wol, das Es derselbe kessel war, den sie selber hat forttragen heißen. Man sagt, die diebe könen gerüch mit kreutter machgen, das wan die leutte schlaffen, fallen sie drüber in Einen so dieffen schlaff, das sie nicht wach können werden. Ist man aber wach, so thut der rauch nichts. Bei einer fraw zu Strasbourg, eine Landtsberg von geschlecht, da seindt die diebe nachts hin kommen und haben den man und der frawen hosen und rock unter den pulster weg genohmen, alle ihr silber geschirr gestollen, das leintuch vom bette weggenohmen. Sie hatte ein söhngen, das schlieff in ihrer Cammer, dem haben sie das bette unterm leib weg genohmen. Morgendts wie vatter und mutter ahnfingen zu lamentiren, das sie bestohlen worden, ach nein, sagte das kind, es seind gutte freundliche leutte, die werden bald wider kommen, Einer hob mich auff, gab mir Einen freundlichen Schmatz und sagte zu mir, stille mein kind, wir wollen bald wider kommen, wecke vatter und mutter nicht. Das seind neue maniren zu stehlen.... Ich glaube, der jüngste tag wird balt kommen, den Es fengt an zu gehen zur zeit der sündflücht, den Es scheint als wen sich die gantze natur verkehren wolte und wider ein Caos werden, den ich sehe überall alles drunter und drüber gehen, alles ist in Confusion, man weis nicht mehr, wer man ist oder nicht ist.... Mein sohn sagte, das unmöglich seye, von dem stummen was weiteres zu erfahren, den Erstlich were der mensch so stumm gewesen, Ein thum thir, von welchen man nichts anderst hat ziehen könen, als das Er ahn keinen Religion gedacht, das Er nichts übels begriffen als das Stehlen, weillen man ihm Einmahl Erschrecklich geschlagen, wie Er gestohlen. Er hatte keinen menschen umbringen sehen, aber wohl im bette sterben, meinte aber, wen man ihn in die todten bar legt, Er schlieffe und man begrabe ihn, umb lenger zu schlaffen. Die pfaffen haben sich seiner bemeistert, lasen ihn nichts sagen, als was sie ihm Ein blasen, also ohnmöglich Etwas rechts ferner von ihm zu erwarten.

An Dieselbe

Versaille den 20. September 1708.

Morgen wirdt *mons. Spilcker* herkommen undt meinen brieff abhollen, drumb schreibe ich jetzt wider. Ich kan E.L. leider aber gar nichts artiges berichten, denn das alte weib boßhafftiger ist alß nie undt ihr *pupil*, die hertzogin von *Bourgogne*, in ihrer boßheit und falschheit erzigt. Sie macht die *duchesse de Bourgogne* mitt großen *cappen*, umb betrübt undt *devot* zu scheinen, in alle großen meßen lauffen; und in alle *salut* da that sie alß wenn sie weindt undt fasttage helt, undt nachts haben wir sie sehen mitt ihren damen durch die fenster *medianosche* halten undt sich braff lustig machen. Sie kan 2 *bouteillen pure* wein außsaufen, ohne daß man es ihr ansicht, undt ist so *coquet*, daß sie biß auff ihr eygene *escuyer* nachleüfft. Da sehen E.L. wie falsch alles hir ist. Das alte weib macht dem König weiß, daß ihresgleichen nicht ist in gottesforcht undt tugendt, undt das glaubt der gutte König heyllig. Alle tag thut sie mir *brusquiren*, lest mir ahns Königs taffel die schüsseln, wovon ich essen will, vor der naß wegnehmen; wenn ich zu ihr gehe, sicht sie mich über eine axel ahn undt sagt mir nichts oder lacht mich auß mitt ihren *damen*; das bestelt die alte *expreß*, hofft, ich würde böß werden undt mich *amportiren*, damitt man sagen möge, man könne nicht mitt mir leben, undt mich nach *Montargis* zu schicken. Aber ich merck den *possen*, lach also nur über alles was sie ahnfangen undt beklag mich nicht, sage kein wordt; aber die warheit zu bekennen, so führ ich ein ellendt leben hir, aber mein *parthie* ist gefast, ich laß alles gehen wie es geht undt *amusire* mich so gutt ich kan, dencke: die alte ist nicht unsterblich undt alles endert in der weldt; sie werden mich von hir nicht wegkriegen alß durch den todt. Das macht sie verzweifflen vor boßheit. Niemahlen ist jemandts so *absolutte* geweßen alß die *Maintenon* ist, aber wie sie *ignorant* ist undt nichts alß das bürgerleben verstehet undt doch über alles *regiren* will, drumb geht alles so überzwerg. Das weib ist abscheülich gehast zu Paris, sie darff sich dort nicht offendtlich weißen, ich glaube, man würde sie steinigen ....

An Dieselbe

Versaille den 21. April 1709.

Seyder gestern abendts seindt wir nun wider hir. Es ist nun das schönste wetter von der welt, ich hoffe, E.L. werden sichs zu nutz machen; gestern abendts horte ich ahn meinem fenster die nachtigallen singen biß umb halb eins, hatte alle meine fenster, es ging nicht einmahl ein lüfftgen. Alles ist nun grün undt ein recht ahngenehmer frühling mitt schönem wetter ahnkommen. Da felt mir alß ein was ich in meiner jugendt in einer commedie, so mein bruder s gespilt, gehört habe: „O frühling, des jahres jugendt, schöne mutter der blumen, der grünen kreütter undt der neüen liebe, du kommest zwar wider, du kommest zwar, aber mitt dir kompt nicht wider der schönne und fröhliche lentz meiner jugendt.“ Es ist aber zeit, daß ich auff E.L. gnädig schreiben komme.... Ich lebe gantz *à part* wie ein reichstättel undt mein *parthey* ist gottlob in alles gefast; will man mich irgendts haben, gehe ich hin, will man mich nicht, gehe ich auff eine andere seyt und bekümmere mich umb nichts. Vorgestern besuchte ich die allmächtige *dame*; ich fandt sie im bett, sahe woll auß, sie hatt noch schöne undt lebhaffte augen. Ich fragte sie, ob sie kranck were, sie sagte „nein", aber sie nehm so erschrecklich ab, daß der knochen von ihrem bürtzel die hautt schir durchsticht. Das abnehmen ist bei den Königinnen die *mode*, die arme Königin in Engellandt hatt gantz die *consomption*, ich fürchte sehr, sie wirdt nicht lang mehr. Ich wolte, daß ich dießen beyden alles fett von meinem bauch undt hüfften undt met verlöff hintern geben könte, so were unß beyden geholffen undt würden den bürtzel nicht wundt sitzen können.

Den freyen willen habe ich mein leben nicht gespürt; ich lebe gantz nach der *providentz*; man nent *le destin* auff teütsch woll recht das verhengnuß, denn alles hengt ahn einander...

An Dieselbe

Versaille den 30. April 1709.

Weillen des *printzen von Wolfenbuttel* cammerdiner biß Freutay wider weg wirdt, alß werde ich durch ihn wider auff E.L. gnädig schreiben andtworten; will hir ein wenig teütscher reden alß durch die *post*brieff, weillen dießer mensch es E.L. woll in eygene Hände geben wirdt, werde derowegen sagen, daß ich nun gar ruhig lebe, ob zwar die alte zot ihren möglichen fleiß thut, mich zu plagen undt verachten zu machen. Aber ich lasse sie in allen gewehren undt thue alß wenn ichs nicht merckte. Ich *amusire* mich den gantzen tag mitt schreiben, mitt meinen *medaillen*, gegrabenen steinen, kupfferstücken undt dergleichen; ist es schön wetter, gehe oder fahre ich spatziren; thue alß wenn ich die einsambkeit liebte, denn walte ich leütte haben, würden doch keine zu mir kommen, weillen man woll weiß, daß die *dame* mich nicht leyden kan. Spillen liebe ich nicht undt könte es auch nicht außstehen: niemandts will klein spiel spiellen undt große spiel kommen meinem beüttel zu hoch. Ich lebe ein wenig wie man vom *limbe* spricht: ohne freüdt undt ohne leydt; meine größte freüde seindt E.L. gnädige schreiben, die leße ich offtmahl über. Mein sohn ist von gutter geselschafft, ich habe aber gar kein trost von ihm, in 14 tagen sehe ich ihn nicht eine halbe stundt, ist zu sehr in dem luderleben zu *Paris* verpicht, daß man ihn nirgendts viel sicht. Ich lebe woll mitt seiner gemahlin undt sie mitt mir, allein es ist so gar keine *simpathie* unter unß beyden, können einander also gar nicht geselschafft halten. Der König darff mich nicht umb sich leyden; ich sehe I.M. nirgendts alß ahn taffel undt nach dem essen ein augenblick in sein cammer. Etlichmahl fragt er mich, ob ich spatziren geweßen undt wo; damitt ist es getan, will ich weitter waß sagen, macht er eine *reverentz* undt threhet mir den rücken. Das alte weib muß einen ahnschlag haben, den ich nicht begreiffen kan, denn wir wissen gar gewiß, daß sie 40 *millionen* bar gelt hatt. Man hatt mich noch mehr von dem *dauphin* haßen machen undt von dem *duc de Bery*, den ich wie mein kindt geliebt habe. Im ahnfang hatt mich dießes alles sehr geschmertzt, aber nun habe ichs gottlob überstanden undt frag kein haar mehr darnach. Ich habe den ort in *Procope* geleßen, den E.L. *cittiren*, aber es war doch noch ein großer unterschiedt, denn *Justinianus* war nichts rechts undt dießer unßer König ist ja gar hoch gebohren, solte sich also nicht verquackelt haben, noch sein sohn, so es anders wahr ist, daß er die stinkende *Choin* geheüraht hatt. Das weib ist erschrecklich boßhafft, ich meine die alte; kein mensch bey hoff zweyffelt, daß sie nicht den *Louvois* undt *Mansard* vergiefft hatt, den ersten, weillen er dem König gerahten hatt, eine reiß ohne sie zu thun, undt den zweyten, weillen er dem König rahten wollte, die *posten banquiers* zu geben, so davor die *billets de monaye liquidirt* hetten, welches ein großer vortheil vor das gantze Königreich geweßen were. Es ist dieße böße zot, so alle meine brieff auffmacht, sie so übel vertrehet undt mich mitt zercht; sie ist *capabel* von alles in der welt undt stelt sich doch ahn, alß wenn sie gar gotsfürchtig were. Der König fürcht den teüffel erschrecklich, ist *ignorant* in der *religion* undt glaubt nichts alß was das weib ihn weiß macht, denn er list sein leben nichts, gibt der *dame* undt den *ministern* undt beichtsvatter alles zu leßen undt lest sich von ihnen vortragen was drinen stehet. Es stehet also bey ihnen, alles zu sagen, was sie wollen, können also leicht schaden, wenn sie wollen. Es ist woll sicher, daß das weib weder gott noch teüffel glaubt, sonsten würde sie nicht so boßhaftig sein, allen menschen übels zu thun undt die leütte zu vergifften …

An Dieselbe

Versaille den 23. December 1710.

…. Mein leben will ich E.L. ahnherzehlen: Montags undt Donnerstags stehe ich umb 8 uhr auff, die andern tage umb 9, bete undt wasche meine hände, ziehe mich hernach ahn. Ahn meine *toillette* kommen mannsleütte vom hoff, womitt ich spreche; umb 10 uhr gehe ich in mein *cabinet*, schreibe biß umb 12, da kommen alle meine leütte undt wer mich sonsten sehen will; ein virtel auff 1 gehe ich in die meße; hört *mons. le dauphin* die spate meß, gehe ich in die seine, höhrt er sie nicht, gehe ich in meine eygene. Das wehret nicht gar eine halbe stundt, also daß ich umb 1 wider komme, finde *ordinari* mein essen auff der taffel, bin drey virtel stundt ahm eßen. Hernach ruhe ich eine halbe stundt allein in meinem *cabinet*, besehe kupfferstücke, etliche mahl kommen kremer, deren wahren ich besehe undt bißweillen etwaß kauffe; darnach setze ich mich. Sobaldt ich sitze, schlaff ich ein; das wehret woll ein stündtgen; hernach schreibe ich. In sommerzeit ich abendts spazire, im herbst gleich nach dem eßen. Alle Dinstag kommen die *envoyés* undt abgesandten her; die kommen immer, wenn ich ahn der *toillette* bin. Alle tag umb 8 oder 9 uhr kompt mein sohn undt etlichmahl seine gemahlin. Dan gehe ich ahns Königs taffel, wo ich warten muß, dieweill der König undt gantze königlich hauß bey *mad. de Maitenon* seyn. Dießes warten ist langweilich, denn es wehret offt lenger alß eine gutte virtelstundt. Gleich nach dem nachteßen gehen wir alle ins Königs cammer, stehen da *à la rangette* biß alle *damen*, so bey dem nachteßen auffgewarttet, sich *rangiret* haben; dan macht der König eine große *reverentz*, geht mitt dem gantzen königlichen hauß in sein *cabinet*, undt ich muß nach hauß. Ich habe vergessen zu sagen, daß *mad [lle] de Chateautier* nie von mir gehet, arbeydtet den gantzen tag in meinem *cabinet*; gegen abendt kompt die *marechalle de Clerembaut*, dan ließet man unß waß vor. Ist die fraw von *Ratsamhaußen* da, arbeydtet sie auch undt blaudertt unß waß vor. Im winter nach Allerheyligen haben wir Montag, Mittwoch und Samstag *commedi*, wo ich hingehe; die übrigen tage spiellt man bey der *duchesse de Bourgogne*, da gehe ich nicht hin, denn ich spielle nicht. Zweymahl die woch fähret der König auff die jagt nach *Marly; M [dm] de Maitenon* fährt nicht auff die jagt, sondern nur nach *Marly*, mitt dem König, *duchesse de Bourgogne, duchesse de Bery* undt den *damen*, so mitt ihnen gejagt, zu mittag zu eßen. Drumb darff ich nicht mitt hin, denn sie mag mich weder wißen noch sehen. Ahn der taffel spricht der König kein ander wohrt, alß wenn er einem ahn der taffel gnad erweißen will, bietet er ihm zu eßen ahn, sagt: „ *en voulés vous?*“. In dem cabinet soll er noch offt gar lustig sein; das kompt aber nicht biß ahn mich; es gehen offt 3 oder 4 tage vorbey, daß mir der König kein eintzig wordt saget undt nur *reverentzen* macht, der *dauphin* auch, außer etliche mahl in den *commedien*, sonsten darff er mir auch kein eintzig wort sagen; muß mich damitt trösten, daß ich mehr wehrt muß sein, als ich selber weiß undt meine, weillen man so *jaloux* vor mir ist; also suche ich mich in alles zu schicken....

An Dieselbe

Marly den 14. Februari 1712.

Wir seindt hir voller betrübtnuß, denn vorgestern abendts umb 3 viertel auff 9 ist die arme *madame la dauphine* verschieden. Ich bin *persuadirt*, daß die docktoren dieße arme *printzes* so gewiß umbs leben gebracht haben, alß ichs E.L. hir sage. Sie hatten ihr ein wenig *meledy kent* eingeben, nur etlich *grain*, da fing sie sehr ahn zu schwitzen; man hatte aber die geduld nicht, den schweiß gantz außzuwartten; in mitten von schweiß, da sie schon gantz feüerroht von den rödtlen außgeschlagen war, setzt man sie in warm wasser undt lest ihr zum vierten mahl zur ader, da schlug alle rödte wider ein.... Nun ist alles auß. Ich kan den König nicht ahnsehen ohne daß mir die threnen in die augen kommen; er ist in einer solchen betrübtnuß, daß es ein stein erbarmen mögt.

Ich mache E.L. mein *compliment* über die glückliche niederkunfft Dero enckel, der *cronprintzes* von Preüßen. Gott wolle dießen *printzen* jahre erhalten. Der König in *Preüßen* muß doppelte freüden dran haben, erstlich die, einen enckel zu haben, undt zum andern, eine neue *occasion*, eine *ceremoni* zu halten, welches woll bei der kindttauff nicht fehlen wirdt. Ich *admirire*, wie alles so unterschiedtlich in dießer weldt hergeht: unterdeßen daß man zu *Berlin* in vollen freüden ist, seindt wir alle in voller betrübtnuß undt einsambkeit hir.... Die *cronprintzes* ist nicht lang in kindtsnöhten geweßen; 3 stundt undt eine halbe, man kan ja nicht weniger sein, insonderheit da es so ein glücklich endt genohmen. Freylich kan man auff nichts bawen, wer hette nicht auff *mad. la dauphine* glück gebawet, nun ist alles dahin. *Mons. le dauphin* ist hertzlich betrübt, aber er ist jung, er kan sich wider verheürahten undt seinen schaden ersetzen, aber *mad. de Savoye* verlust ist auff ewig, wie auch unßers Königs seiner, denn man hatt sie gantz nach seinem sinn erzogen, sie war all sein trost undt vergnügen undt von so einem lustigen humor, daß sie allezeit etwaß finden konte, ihn wider lustig zu machen ....

Wenn man sich in die finger butzt, wie mein *hero*, der *Czaar*, thut, solle man meinen knebelbardt tragen, denn das butzen in die finger kan drauff hencken bleiben undt das ist nicht *apetitlich* zu sehen, insonderheit ahn taffel. Weill er groß *air* hatt, muß er eine schöne *taille* haben; mich wundert, daß seine leütte ihn so sehr *respectiren*, denn ich glaube, daß er sich doch gar gemein mitt ihnen macht. Aber alles was ich von dießes *Czaaren* verstandt höre, gefelt mir auß der maßen; ich halte ihn vor einen rechten *heros*, nehme auch seine *parthey* hir in alles. Das muß doch der *Czaarin* mißfahlen, daß ihr herr so *debauchirt* ist, undt bey ihre drey freüllen kinder ahngestehlt hatt; aber *Catterintien* darff woll nicht *jalous* sein. Das macht mich ahn ein alber liedt gedencken, so die *Villanova*, so mein freüllen geweßen, alß sunge:

„Ich undt mein Cathreingen wir gingen zu dem bier,
Ich undt mein Cathreingen wir druncken ein maß oder vier;
Ich undt mein Cathreingen wir gingen zu dem wein,
Ich undt mein Cathreingen wir druncken ein maß oder neün."

Die *moderation* undt sorg von der Czaarinen, zu fürchten, daß man ihre schwangere freüllen *blessiren* mögte im tantzen, ist recht poßirlich, sie muß sie vor *camerattinen* halten.

An Dieselbe

Marly den 8. Aprill 1712.

.... Mein sohn undt ich wißen leyder nur zu woll, wer die sein, so ihm alles auffbringen undt ihn wollen verhast machen undt mich auch; sie hatten sich aber noch nicht so clar erwießen alß nun, wenn E.L. nur wollen *reflection* machen auff die, so mich allezeit gehast haben. Es ist eine gantz eygene *cabale*, denn der hoff ist voller *cabalen* ärger, alß nie; wenn ich einmahl eine sichere gelegenheit werde finden, will ich E.L. dießes alles *expliciren* undt werden sehen, daß ich nur gar zu groß recht habe *allarmirt* zu sein; weillen ich aber nicht in dießer sach thun kan, habe ich mein *parthey* gefast undt alles in Gottes willen ergeben, ohne welchen doch nichts in der welt geschehen kan, gehe meinen geraden weg fort undt thue alß wenn ich nicht von der sachen wüste; warne doch meinen sohn, sobaldt ich etwaß erfahre. Wir wissen leyder nur zu woll, daß er übel redt, wenn er gesoffen hatt, aber was man in Teütschlandt geschrieben, hatt er gar gewiß nicht gesagt, aber was er gesagt, deücht auch nicht viel, nehmblich alß man ihn an taffel gefragt, warumb er seine elfte dochter lieber hette, alß alle seine andere kinder, soll er geantwortet haben, weillen dieße die eintzige von seiner frawen kinder were, so er gewiß wüste, daß sie seine dochter were; das war in der that ein gar *impertinenter discurs*. Ich habe ihn mehr alß taußendt mahl gebetten, doch mitt den *desbauchierend* leütten alß wie der *chev. de Bouillon* undt *chev. de Simiane* nicht umbzugehen; je mehr ich ihn aber gebetten, je mehr ist er mitt ihnen umbgangen. Nun sicht er, daß ich recht gehabt habe, aber es ist zu spät. Gott gebe, daß er sich einmahl vor eine warnung sein laße. Man kan nicht genung sagen: Gott behütte unßern König! Solte der in jetzigen zeitten unß fehlen, müste alles über undt drüber gehen .... Seyder ein jahr her undt seyder *Monseigneurs* todt haben sie ahngefangen, die alte *Maintenon* in ihre *caballe* gezogen, die hatt dem König vorgetragen, daß mein sohn den letzten *dauphin* und die *dauphine* vergifft hatt. Sie haben gemeint, daß würde den König gleich so sehr erschrecken, daß er ohnge *examinirt* meinen sohn von hoff weg schicken würde; welches ich darauß weiß, daß, wie die docktoren kamen undt dem König verzehlten, wie sie alles genau *examinirt* hetten undt daß gar gewiß dieße zwey *personen* keinen gifft bekommen hetten, threhte sich der König zu der *Maintenon* undt sagte: „ *he bien, madame, he bien, ne vous avois je pas dit que ce que vous m'avés dit de mon neveu estoit faux?*“ Man hatt zu *Paris* von *Dantins* leütten gesehen, so diß außgebreydt haben bey dem *peupel*; dadurch sehen E.L., daß wir gar recht *gejudicirt* haben, das alte weib mögte gern ihre aufferzucht auff den thron sehen, haßt unß alle, aber ich werde mich nichts davon mercken lassen.

An Dieselbe

Versaille den 10. December 1712.

.... Ich erinere mich noch woll, zu *Hannover* die *commedie* von *Wallenstein* gesehen zu haben, einer, so Leßle heist, ersticht den Wallenstein zuletzt in einem bett mitt einer *partisanen*; ich erinere mich auch noch, daß, wie man die *commedie* von dockter Faust spilte und der teüffel den dockter Faust holte, kam die zeittung, daß der bischoff von *snabruck* todt war, welches jedermann lachen machte.

Wie E.L. Dero *Lisselotte* gesehen undt sie so woll lauffen undt springen konte, war sie leicht undt jung; nun bin ich alt undt schwer, das gibt große verenderung. Ich bin gewiß, daß, wenn ich so glücklich were, daß E.L. mich ahn einem ort sehen könten, so sie nicht vermuhten, daß ich da were, wenn ich nicht redte, würden sie mich ohnmöglich kennen. Meine verruntzelte Augen, meine hengende große backen, meine schneeweiße haar, meine höhle zwischen den ohren undt backen, undt mein groß dopelt kin würde E.L. garnicht ahn *Lisselotte* erinern. Ich gleiche mir selbsten in nichts mehr, mein langer halß ist gantz kurtz geworden, habe nun dicke breytte schultern, abscheüliche dicke hüfften; meine bein seindt mehr alß dick, denn sie seindt sehr geschwollen. Da sehen E.L. woll, daß sie mich in dieser figur gar nicht kenen würden. Wenn ich den mundt auffthue, seindt meine zähn auch sowoll in einem ellenden standt: einer ist gebrochen, der ander ist schwartz, die überigen seindt zerbrochen; *summa*: überall ist ellendt in meiner gantzen *person*. Aber was will man thun? man muß woll sein *parthie* nehmen in was nicht zu endern stehet ....

Ich bin gantz stoltz, daß E.L. meinen letzten brieff ahn den gutten hertzog artig gefunden haben, da halte ich mehr von alß wenn mein brieff in der biblioteck Wolffenbüdel würde behalten werden. Mich wundert, daß hertzog Anthon Ulrich allezeit reyßet, da er doch einen so schönnen ort zu bleiben hatt .... Es muß ein wildt weßen in *Moscovien* sein, ich finde also, daß herr Leibenitz groß recht hatt, nicht dahin gehen zu wollen. Ich bin alß charmirt vom *Czaar*, wenn ich sehe, daß er so viel mühe nimbt, sein landt zu verbeßern; biß nach *Berlin*, glaube ich, wirdt *mons. Leibenitz* gern folgen, umb die *cronprintzes* undt *cronprintzen* auffzuwartten .... Seyder ich weiß, daß die freüden von jener weldt so sein: „die kein ohr gehört, kein aug gesehen undt nie in keines menschen hertz kommen ist“, mache ich mir gar keine *idée* davon, dencke nur, Gott ist allmächtig undt warhafft, er verspricht mir freüde, er wirdt schon mittel finden, daß ich es entpfinde, ob ich gleich jetzt nicht weiß, wie oder wann; darauff vertrawe ich .... Ich rede gar wenig mitt dem König; I.M. laßen sich vom *comte de*

Thoulousse seine jagten verzehlen, wie auch wie er seine heüßer undt wälder zurichten lest, spricht auch mit den *printzessinen* von ihren heüßern, wo ich den hir undt dar ein par wordt zu sage. Der König thut mir auch die gnade, sich wegen Meiner gesundtheit zu *informiren*, wovon ich rechenschafft gebe; etlichmahl rede ich auch so davon, daß ich I.M. lachen mache ....

An Raugräfin Louise von der Pfalz

Marly den 29 Julli 1713.

.... Ich gestehe, liebe Louiße, ich kan nicht vertragen, Teütsche zu finden, die ihre muttersprach so verrachten, daß sie nie mitt andern Teütschen reden oder schreiben wollen, daß ärgert mich recht; undt die königin in Preüßen, wen ich sie nicht von jedermann loben hörte alß eine gar tugendtsame fürstin, sonsten solte ich fürchten, daß sie mitt frembden sprachen auch der fremden länder fehler aprobiren solte undt nicht mehr ahn unßere alte teütschen maximen gedencken, so doch warlich nicht zu verwerffen sein. Weillen man sich im reden woll der wortter Monsieur, Madame undt Mademoiselle bedint, worumb könt man es nicht auch so woll im schreiben thun? Wen man nur die teütsche handt schreiben kan, hatt man nicht nötig, brieff zu lehrnen machen. Man kan ja nur schreiben, wie es einen ihm kopff kompt, wie ich thue; den muß ich gezwungen schreiben, würde ich mich mein leben nicht dazu resolviren können. Umb woll Frantzösch, muß man die sprach gar woll können, sonsten kompts doll herrauß. Ich habe frantzösche brieffe von Teütschen gesehen, so nichts, als ein Teütsch, übersetzt, wahren, welches wunderlich auff Frantzösch lautt, insonderheit wen man titel drin setzt, welches gar nicht bräuchlich ist....

An Kurfürstin Sophie von Hannover

Versaille den 15. Mertz 1714.

.... Heütte abendts oder morgen wirdt der heldt des friedens, *mons. de Villar*, herkommen. Man sagt, daß der frieden gar *avantageux* vor den König undt die zwey bayerische Churfürsten ist, daß der Churfürst von *Bayern* wider der Erste Churfürst werden solle und die oberpfaltz wider bekommen. Aber seyder wen kan der Keyßer alles vor die Churfürsten ohne sie selber undt daß reich? Daß Nimbt mich unerhört wunder; alles Muß den In teütschlandt seyder Ich weg bin abscheülich geendert. Ich finde auch, daß Churpfaltz mehr verliehrt, alß gewindt, den die oberpfaltz ist Ihm ja gelegener, alß das Königreich von *Sardaignen*; daß, wie Ich gehört, bringt wenig Ein, undt wie Churpfaltz gar hochmüthig ist, wirdt Er noch Einen größeren staht haben wollen; daß wirdt alles über die arme pfaltz gehen; also gefält mir dießer article nicht, wofern Er war ist, denn ich weiß noch gar nichts recht von den *articlen*, man helt sie noch gar geheim. Man kan nun hir singen:

„Allein Gott in der hohe sey ehr Undt danck vor seine gnade,
Daß nun forthin undt nimmermehr Unß schaden kan kein schade.
Ein wollgefahlen Gott ahn unß hatt,
Es ist groß freüdt ohn Unterlaß,
All feht hatt nun ein ende.“

Aber meine freüde kan nicht eher ahnfangen, biß ich E.L. in volkommener gesundtheit wißen werde ohne verfluchten stöhr auff den magen ....

An Raugräfin Louise von der Pfalz

Marly den 1 Julli 1714.

Hertzallerliebe Louiße, vor etlichen tagen habe ich Ewer liebes schreiben vom 14 Juni zu recht empfangen. Ich konte Eüch woll in echo andtwortten, den ich weiß warlich nicht, wie ich nicht vor schrecken undt betrübtnus todt niedergefallen bin. Waß ich seyder dem alle tag leyde, ist nicht außzusprechen, wie Ihr schon auß meinem letzten schreiben, so ich Eüch vor 8 tagen geschrieben, werdet ersehen; aber ich weiß selber nicht recht, waß ich Euch geschrieben habe, so sehr setzt mich diß abscheüliche Unglück auß mir selber. Es ist woll daß gröste, so mir in dießer welt hette begegnen können. Dieße liebe churfürstin s. hatt mich durch dero gnädige schreiben auß manche betrübtnuß undt hertzenleydt gezogen, so ich hir im landt entpfunden, aber nun lebe ich ohne trost undt habe auch keinen nirgendts zu hoffen; also könt Ihr, liebe Louiße, leicht erachten, waß vor ein ellendes undt traweriges leben ich hinfüro biß ahn mein endt führen werde. Die threnen hören auff, aber der innerliche schmertzen undt trawerigkeit wirdt biß ahn mein endt wehren. Ich weiß selber nicht mehr, ob ich Eüch geschrieben habe, liebe Louiße, wie ich diß Unglück erfahren undt wie man mirs durch meinem beichtsvatter hatt ahnkünden laßen. Es kamme mir ein zittern ahn, alß wen man in einem starcken fieber den frost hatt; ich wurde auch dabey bleich wie der todt, war woll eine viertelstundt ohne weinen, aber der ahtem fehlte mir, war, alß wen ich ersticken müste. Hernach kammen die threnen heüffig undt wehrten tag undt nacht, darnach wurde ich wider trucken undt erstickte, biß die threnen wider heüffig kammen, daß hat so bißher gewehrt, Waß mich wunder nimbt, ist, wie ich so gesundt dabey bleibe, den ich bin gar nicht. Man hatt mich schon 2mahl auff die jagt führen wollen, ich habe mich aber nicht dazu resolviren können, den ich kan in nichts in der weldt lust nehmen. Ihr habt woll recht, zu sagen, daß mir dieße abscheüliche zeittung durch hertz undt seele gedrungen hatt. Ihr seudt so gottsförchtig, liebe Louiße, daß, wen mir gott der allmächtige trost undt erleichterung schicken solte, würde ich es Ewerm gebett zuschreiben....

Sontagnachmittags, den 1 Julli, umb 5 abends.

Ich bin gleich nach dem eßen greulich geplagt worden mitt allen meinen schuldenern, denen ich alle mont waß gebe, biß sie gantz bezahlt werden, drumb fange ich so spat ahn, zu schreiben. Ihr solt Euch kein scrupel machen, Ewere reiße fortgefahren zu haben; den erstlich so kontet Ihr dieß unglück nicht vorsehen, weillen Ihr *ma tante* s in gutter gesundtheit verlaßen hattet, undt zum andern so habt Ihr ja gott zu dancken, Eüch nicht dabey gefunden zu haben. Daß gehen hatt daß schleünige unglück nicht verursachen können, es muß ein schlagfluß geweßen sein, so unßer abscheülich unglück verursacht, aber wie Ihr gar recht sagt, es war deß högsten will, die liebe churfürstin abzufordern. Die zu gott gehen, seindt nicht zu beklagen, aber woll die, so noch bleiben in dießer bößen unleydtlichen weldt. Ach gott, mir selber hatte *ma tante* offt geschrieben, biß sie einen schleünigen todt vor den besten halte undt daß es eine schlegte sach seye, wen man im bett stirbt, den pater oder prister auff einer seydt hatte undt den docktor auff der andern seytten undt können doch nichts helffen; sie woll es so machen, daß sie dieß spectacle nicht geben wolle, hatt leyder nur zu wahr gesagt.... *Ma tante* war mein eintziger trost in allen widerwertigkeytten hir, sie machte mir mitt ihren lustigen brieffen alles leicht, waß mich auch ahm betrübsten gedaugt hatt, sie hatt mir dadurch bißher daß leben erhalten. Zudem vor waß solle ich mich conserviren? Ich bin niemandts nichts nutz undt mir selber beschwehrlich.... Ich pretendire, Eüch, liebe Louiße, fleißig schreiben; Ihr seydts allein, die mir noch von alles, waß mir nahe undt lieb ist, überig seydt in gantz Teütschlandt. Adieu, liebe Louiße! Ich weiß, wie Ihr zu beklagen seydt, den ich bin gewiß, daß ich fühle, waß Ihr fühlt; aber in welchem standt ich auch sein mag, so werde ich doch, so lang mein ellendes leben wehren wirdt, allezeit dießelbe vor Eüch sein undt Eüch von hertzen lieb behalten.

Elisabeth Charlotte.

An Geheimerat v.Harling

Versaille den 3. Januari 1715

.... Ehe ich aber auf *mons.* Harlings schreiben antworte, muß ich nach unßerm alten teutschen brauch bey diesem neuen angetretenen jahr ein glückseeliges, friedt- undt freudenreiches neues jahr wünschen undt insonderheit eine beßere volkommenere gesundtheit, alß er bißher gehabt hat. Meine gesundtheit ist gott seye danck gar gutt, habe vergangen montag den hirsch gejagt in *calesche.* Mein sohn ist gott seye danck in so volkommener gesundtheit nun, daß er gestern 5 *partien* im *balhaus* gespilt hat; daß er ohnmächtig wardt, kam nur daher, daß er, nachdem er sich so dick gefressen hatte wie ein schindersteff undt hernach in einer gar warmen cammer bey dem *camin* eingeschlaffen war, mit einem gar starcken husten undt schnuppen. Wir seindt nun gottlob beyde gar woll undt mein sohn hat mir versprochen, hinfüro gescheyder zu sein undt nicht mehr so abscheulich zu freßen. *Hannover* jammert mich, so einsam geworden zu sein, nachdem es allezeit so lustig geweßen.... *Madame de Maintenon* befindt sich gar woll; es ist mir des Königs wegen lieb, den solte sie zu sterben kommen, hilte ich es gefährlich vor den König, denn das *attachement* vor dieße *dame* ist sehr groß; sie ist nur zwey jahr elter alß unßer König. Des Königs in Schweden leben ist woll *romanesque,* fehlt nichts drinen alß daß er verliebt solte werden; wie ich höre, so will er mit aller gewahlt krieg haben; mich deucht doch, er solte lieber den frieden wünschen, sein armes reich wider zu ersetzen, alß neue unruhe zu suchen. Ich bin ein kindt des friedens undt mögte gern überal frieden sehen.

An Raugräfin Louise von der Pfalz

Versaille den 3. May 1715.

Hertzallerliebe Louise, ich bin expreße ein wenig früher auffgestanden, alß ordinarie, in hoffnung, Eüch dießen morgen einen raisonable langen biieff zu schreiben können; den weillen der hoff seyder vorgestern zu Marly ist, seindt nicht mehr so viel leütte hir, so interompiren kommen. Wie ich aber eben herein wollte, kam man mir sagen, ich solte doch nur in der gallerie die sonnenfinsternus sehen mitt dazu preparirten gläsern. Daß hatt mich gantz unvermuhtner weiß eine gantze stundt auffgehalten. Aber ich werde doch heütte ein gute taille von biieff schreiben, wils gott; den daß man in meiner cammer spilt, hintert mich nicht ahn schreiben. Gestern hatten wir 3 taffeln in meinem cabinet, 2 vom lombre undt eine vom berlan. Waß wir dießen nachmittag haben werden, weiß ich noch nicht; den es ist noch nicht halb 12 itzunder. Umb 12 werde ich in kirch in chaisse, so kan ich nicht die kälte fühlen; den es ist heütte gar kein Maywetter, sondern so kalt, alß wie im Mertzen; es geht eben so ein rauher undt scharpffer windt. Nach der meß werde ich zu madame la ducheße, so auch nicht nach Marly ist. Sie hatt eine schlimmere kranckheit, alß ich, so sie hir auffhelt; den sie hatt feygwartten, so ihr den affter fingers lang auß den hindern gehen macht, met verlöff, met verlöff, wie die fraw Woltzogin alß pflegt zu sagen, zudem hatt sie stein undt grieß undt mühe, zu pißen, daß hatt sie so geendert, daß man sie kaum kenen kan. Ich habe, gott lob, nur einen gutten husten undt schnupen, habe dieße nacht beßer geschlaffen undt nicht so stark gehust, alß die vorige nächte; aber seyder ich auffgestanden, huste ich erschrecklich, werde nicht nach Marly, biß mein husten ein wenig leydtlicher undt nicht so eckelhafft sein wirdt, wie nun, den daß ewige husten undt speyen ist sehr nicht einhalten. Aber da rufft man mich, umb in kirch zu gehen, muß also wider meinen willen eine pauße machen; den wen ich nach der kirch meine zwey vißitten werde abgelegt haben, so wirdt mein eßen auff der taffel stehen, so heütte in wenig schüßeln bestehet; den wegen meines abscheülichen husten eße ich kein fisch. Daß ist auch eine von den ursachen, warumb ich nicht nach Marly bin; den ich könte weder heütte noch morgen mitt dem könig eßen, den I.M. ärgern sich abscheülich, wen sie wißen, daß jemandts fleisch ist, wen man das fieber nicht hatt, undt wie ich gar persuadirt bin, argernüß geben eine gar große sünde ist, so hütte ich mich dafür, so viel mir möglich ist.

Freytag nachmittags umb 5 abendts.

Gleich nach dem eßen, eine gutte halbe stundt hernach, wie mein enckel zu mir kommen, der duc de Chartre, habe ich ihm ein spectacle geben, so meinem alter gemäß. Drey hundt, 3 dauben undt eine katz, ein triomphwagen, darin sitzt eine hündin, so Andriene heist; eine große katz führt den wagen, eine daub ist der kutzscher, 2 seindt die pagen undt ein hundt ist der laquay, der sitzt hinden auff. Der hundt heist Piquard, undt wen die dame auß der kutsch steicht, so treg ihr Piquart den schlep. Andrien, wen sie gekleydt ist, geht sie nur auff die hinderfüße. Die katz heist Castille, sie springt durch reiffen. Picard thut auch, wie die Pferd auff der reydtschul; man satelt ihn und setzt ihm eine pupe auff den rücken, wie einen reütter. Der hund, undt dißes finde ich amb artigsten, dantzen durch 3 reiffen les olivette gar geschickt. Dißer kerl hatt noch eine hündin, so Badine heist; die kendt alle die kartten undt bringt, welche man will. Aber hiemitt genung von dießer badinerie.

An Dieselbe

Versaille den 27 Augusti 1715.

Hertzallerliebe Louise, ob ich zwar in einer solchen abscheülichen betrübtnuß bin, daß nicht weiß, waß ich thue oder rede, so will ich doch auff Ewer liebes schreiben andt möglich wirdt sein, muß aber vorher sagen, daß wir gestern daß betrübste undt touchanste spectacle gesehen haben, so man sein leben sehen wirdt. Unßer lieber könig Ludwig XIV. starb am 1. September 1715), nachdem er sich zum todt bereydt undt, wie es hir der brauch ist, seine letzte sacrementen entpfangen vorgestern umb 8 abendts undt alles ordonnirt, wie er es nach seinen todt will gehalten haben, hatt den jungen Dauphin hollen laßen, ihm seinen seegen geben und zugesprochen. Hernach hatt er die ducheße de Bery, mich undt alle seine andere dochter undt enckeln kommen laßen; er hatt mir mitt solchen tendren ^zarten) wortten adieu gesagt, daß ich mich noch selber verwundere, wie ich nicht rack ohnmächtig worden bin. Er hatt mich versichert, daß er mich allezeit geliebt hette undt mehr, als ich selber gemeint, daß es ihm leydt seye, daß er mir jemahlen chagrin gegeben,- er bätte, ich solte mich doch seiner etlichmahl erinern, welches er glaubte, daß ich thun würde, weillen er persuadirt seue, daß ich ihn allezeit lieb gehabt hette,- daß er mir im sterben glück undt seegen wünsche undt daß ich all mein leben möge vergnügt zubringen. Ich wurff mich auff die knie, nahm seine handt undt küste sie, er ambrassirte mich, hernach sprach er ahn die andern, er sagte, er recommandire ihnen die einigkeit. Ich meinte, er sagte es zu mir, ich, daß ich E.M. in diß undt all mein leben gehorsamen würde; er threhet sich herumb, lächelte undt sagte.- „Ich sage Eüch diß nicht, ich weiß, daß Ihr es nicht von nöhten habt undt zu raisonabel dazu seydt,- ich sage es ahn die andern princessinnen." Ihr könt leicht gedencken, in welchen standt mich dießes alles gesetzt hatt. Der könig hatt eine fermeté, die nicht auszusprechen ist, gibt alle augenblick ordre, alß wen er nur eine reiß thete. Er hatt ahn alle seine leütte gesprochen undt adieu gesagt. Meinem sohn hatt er alles ahnbefohlen undt ihn zum regenten gemacht mitt solcher tendresse, daß es durch die seele dringt. Ich glaube, daß ich die erste vom königlichen hauß sein werde, so den könig folgen wirdt, wen er stirbt,- den er lebt noch, aber wirdt doch schwächer undt es ist nichts zu hoffen leyder. warumb ich glaube, daß ich die erste sein werde, so den könig folgen wird, ist erstlich mein hohes alter, zum andern, sobaldt der könig verschieden wirdt sein, führt man den jungen könig nach Vincennes, wir andern alle aber werden nach Paris, wo die luft mir schädtlich; ich werde dort in meiner trawerigkeit sitzen ohne gutte lufft, ohne exercitzien, werde also nach aller aparentz kranck werden müßen. Es ist nicht war, daß madame de Maintenon todt ist; sie ist in voller gesundtheit ins königs cammer, welchen sie weder nacht, noch tag quittirt. Daß ist alles, waß ich Eüch von dießen betrübten zustandt, worinnen wir hir leben, sagen kan. Ich war nicht lustig vorher, den *ma tante* ligt mir immer auff den hertzen, aber dießes nun gibt mir den garauß. Es ist mir, ich könte es ohnmöglich überstehen; gott woll sich meiner in gnaden erbarmen! Ich komme jetzt auff Ewer liebes schreiben, liebe Louise! Deß königs zustandt habe ich Euch wie nun auch gar recht bericht. Der könig ist von einer gutten starcken constitution; ich glaube, daß, wen man eher dazu gethan hette, würde man ihn noch haben salviren können, stirbt der Herr, wie nicht zu zweyfflen stehet, so ist es ein größer unglück vor mich, alß Ihr Eüch immer einbilden könt, nutz viellen ursachen, die sich nicht schreiben laßen. Ich kan undt weiß nichts vor mir zu sehen, altz ellendt undt unglück; ohne verdruß, ungemach undt lange weill undt ungemach kan ich zu Paris nicht leben. Bin Eüch doch sehr verobligirt, mir guttes zu wünschen; aber wir seindt einander zu nahe, liebe Louiße, umb einander nicht alles guts zu wünschen. Es seindt schon lange jahre, daß freüde undt zufriedenheit nicht vor mich gemacht sein. Ich glaube nicht, daß, wen madame de Maintenon sterben solte, daß sie, waß sie hatt, ahn daß stifft von St Cire geben solte; den sie hatt ja ihres leiblichen bruders tochter, die ducheße de Noaille, bey sich, die kinder hatt, undt sonst noch baßen. Mein dochter schreibt mir, es seye nicht war, das der printz Francois so übel seye tractirt worden, daß man dem docktor nur zu leydt nachgesagt hatt, daß er den printzen so übel tractirt, daß es nicht war seye; daß man ihm kein ader gelaßen, noch clistir, noch tißane geben, sondern besuar, undt cordies. Es geht dem meledi-Kentpulver, wie daß sprichwordt laut: „Kein Prophet gilt in seinem vatterlandt." Mir hatt es gar gewiß 4mahl daß leben gerett, also kan ich woll davor verantworten, daß es gutt ist. Ich bitt, kaufst mir einen ballen undt schreibt mir, waß es köst! so will ichs Eüch mitt danck bezahlen. Ich weiß nicht, wie die welt geworden ist, aber man hört von allen ortten nichts mehr, als unglück, betrübtnuß, und hertzenleydt.

Ob ich zwar so hertzlich betrübt bin, liebe Louiße, auch so, daß ich kaum vor threnen mein papir sehen kan undt mit mühe schreibe, jedoch will ich Euch noch bitten, I.L. der printzes von Wallis zu sagen, daß, in welchem standt ich mich auch finden mag, daß ich doch allezeit I.L. ehren, lieben und trewe, wiewoll sehr unnütze, dinnerin verbleiben werde. Sie hatt mein contrefait nur in brustbildt begehrt undt man arbeydt fest dran; brustbilder setzt man auch auff camin. Sobaldt alß ich ein wenig ruhiger sein werde, werde ich die begehrte pitschir ohnfehlbar schicken. Deß könig Georgen medaille, wie I.M. ertzschatzmeister worden, habe ich schön in silber undt daß ist schon genung.

Adieu, liebe Louise! Ich bin woll in der seelen betrübt, daß weiß mein gott, undt habe es auch woll große ursach, mehr, alß ich es Euch sagen kan; aber so lang ich mein ellendes leben schlepen werde, so seydt versichert, daß ich Euch recht lieb behalten werde!

Elisabeth Charlotte.

An Dieselbe

Paris den 13. September 1715.

.... Ach, liebe Louiße, mich wundert nicht, daß Eüch unßers königs s. todt zu hertzen gangen. Daß ich Euch davon geschrieben, ist nicht zu vergleichen, waß wir leyder gehört undt gesehen haben. Der könig war von sich selber gutt undt gerecht; allein daß alte weib hatte ihm so eingepregt, daß es niemandts gutt mitt ihm meint, alß sie undt seine minister, daß er niemandts, alß sie, seinem beichtsvatter undt seinen ministern getrawet; undt wie gutte könig nicht gelehrt war, also hatt der Jeßuit undt daß alte weib in geistlichen sachen undt die minister in weltlichen sachen dem könig alles weiß gemacht, waß sie gewolt haben, undt die minister wahren meistentheils der alten zott creaturen, also kan ich mitt warheit sagen, daß alles, waß bößes geschehen, nicht vom könig kommen. Man hatt ihm alß weiß gemacht, seine seeligkeit bestehe drauff, undt Ihr wist, liebe Louiße, wen man davon persuadirt ist, ist man nicht zu abußiren. Meine augen thun mir noch wehe vom abscheülichen weinen, wie ich von *Versaille* weg bin. Ich habe woll nicht ohne ursach geweint, den ich bin ihr woll eine gequellet seehl, habe kein augenblick ruhe, werde allezeit interompirt. Heütte morgen habe ich ahngefangen umb halb 10 zu schreiben; da haben die interuptionen ahngefangen undt bis nun gewehrt, da es halb 4 ist. Mein eßen ist nicht ... da kan ich keinen bißen ins maul thun, muß alß die leutte entreteniren und gantz allein eßen; nichts ist verdrießlicher. Es ist war, liebe Louiße, daß unßer s. könig sontag, den 1. September, umb halb 9 verschieden ist; ich glaube, ich habe es Eüch schon bericht undt wie es im parlement zugangen. Gestern hatt man den jungen könig ins parlement zu sein lit de justice geführt, da ist meines sohns regence enregistrirt worden, also gar sicher undt gewiß. Mein parthie nehmen undt mich in gottes willen ergeben, kan ich woll; aber, liebe Louiße, wer kan in einem ewigen zwang undt ungemächlichkeit lustig undt vergnügt sein? Es ist aber gottes wille, daß ich biß ahn mein endt leiden solle; also muß man sich drinnen ergeben. Es kan mich gar nicht verdrießen, daß Ihr gern hettet, daß ich nicht mehr trawerig sein solle; den ich sehe woll, daß es auß purer fründtschafft ist undt daß Ihr fürcht, daß ich auß betrübtnuß kranck werde werden. Aber solte ich kranck werden, so wirdt es die hießige lufft verursachen; den seyder vergangen montag, daß ich hir ahnkommen, bin ich keine stundt ohne kopffwehe geweßen. Mein sohn, bin ich versichert, mogte wünschen, daß ich vergnügt hir mögte sein; aber daß stehet nicht in seinem vermögen. Es ist nur zu wünschen, daß ich baldt daß fieber bekommen möge; den ich habe versprochen, nicht eher hir wegzugehen, biß ich kranck werde. Kopffwehe ist nicht drin gerechnet, den ohne daß kan ich nicht zu Paris sein; bekomme ich aber daß fieber, gehe ich in unßer liebes St Clou. Mein sohn hatt woll andere sachen zu thun, alß ahn meine lust undt vergnügen zu gedencken. Er hatt woll von nöhten, daß man gott fleißig vor ihm bitt. Mich deucht, er ist sehr resolvirt, deß königs letzte ordre zu folgen undt friedtlich mitt seinen nachbar zu leben. Ich glaube, daß, wen es allein bey meinem sohn stünde, daß er gern allen bedrenckten beystehen wolte; aber viel sachen werden nicht darauß bey ihm stehen, undt ob zu weißen, daß er alles nicht auß eygenen fantasie regiren will, so hatt er schon unterschiedtliche räht gestifft, einen vor die staadtssachen, einen raht vor die geistlichen sachen, einen vor die frembdten affairen, einen vor kriegssachen; also kan er nichts thun, alß waß hirin beschloßen wirdt werden, undt es wirdt schwer zu glauben sein, daß der geistliche raht, so in pfaffen bestehen wirdt, favorable vor die refugirten sein wirdt. Ich habe mir vorgesetzt, mich in nichts in der weldt zu mischen. Franckreich ist gar zu lang leyder durch weibern regirt worden; ich will nicht ursach, waß mich ahnlangt, daß man daßelbige von meinem sohn sagen mag. Ich will daß gutt exempel geben, meinem sohn dadurch die augen zu offnen, sich von keinem weib, welche es auch sein mag, regiren zu laßen. St Clou ist ein ort, so mir lieb undt wehrt ist, den es ist der schönste ort von der Welt; allein, were ich gleich hingangen, hette mich gantz Paris gehast, die doch alle so eine groß affection vor mein sohn undt mich bezeüget, daß es woll billig ist, daß mich des königs todt in freyheit setzt, zu leben, wie ich es gerne wolte! Man muß nach landtsbrauch leben undt da hatt man die wahl gantz undt gar nicht; man muß in meinem standt eine rechte victime von der grandeur sein undt allezeit gegen willen thun, auffs wenigst gegen waß man gerne thete. Ihr solt mir, liebe Louiße, gar nicht verobligirt sein, Eüch in meiner betrübtnuß zu schreiben; den nichts erleichtert mehr daß hertz, alß denen sein leydt zu klagen, die man lieb hatt undt welche recht *part* ahn unßer unglück nehmen. Es ist war, daß alle menschen den könig todt gemeint, wie madame de Maintenon weg gefahren; sie hatt es selber gemeint gehabt, weillen er eine starcke ohnmacht gehabt; allein er ist wider zu sich selber kommen und noch gelebt, wie ichs schon gesagt. Ich will nicht mehr von dießen trawerigen sachen reden, den es schmerz mich zu sehr. Standthafftig ist der könig biß im letzten augenblick geweßen, sagte auch zu madame de Maintenon in lachen: „Ich meinte, sterben were schwehrer, alß es ist; ich versichere, daß es keine gar große sach ist; kompt mir gar nicht schwer vor.“ Er ist 2 mahl 24 stundt geweßen, ohne mitt jemandts zu reden. In der zeit hatt er nichts gethan, alß betten, undt alß gesagt: „Mon dieu, ayes pitie de moy! seigneur, je suis prest a paroistre, a paroistre devant vous. A quoy tient il, mon dieu, que vous ne me prenies?“ Darnach hatt er sein unßervatter andachtig gebett undt den glauben undt alß seine seel in gottes handen befohlen, biß ihm die seel auß, undt alle gebetter von der seel befehlung mitt gebett.

An Leibniz

Paris den 26 september 1715.

Ich dancke Ihn sehr vor den part, so Er genohmen in meiner trawerigkeit über unßers Königs Verlust wie auch über die Freude, so Er meint, so Ich Entpfinde über meines sohnes regirung. Es geht aber hirmitt wie schir in allen sachen dießer Welt, da die trawerigkeitten allezeit volkommener sind, alß die Freude, den Mein sohns standt hatt zwar Einen großen schein und Esclat, allein Ich habe doch noch große sorgen dabey. Er hatte das Königreich In keinem gutten standt unterhanden bekommen undt Es kost Ihm schon viel Mühe undt sorgen, daß Er keine Zeit zu Eßen oder zu schlaffen hatt undt mich fürchten macht, daß Er Endlich eine große Kranckheit davon tragen wirdt. Ich fürchte auch, Es wirdt meinen sohn gehen, ohne Vergleichung, wie Es mitt den großen fäßern zu Heydelberg gangen, alle Churfürsten so nicht gedruncken, haben sie gebawet undt die so viel gedruncken, haben keine gemacht. Der König war nicht gelehrt, hatt doch alle *studien*, undt gelehrten *floriren* machen, mein sohn aber, ob Er zwar nicht *ignorent* ist, auch die gelehrten liebt, wird Ihnen, wie ich fürchte, nicht *favorabel* sein können, weillen alles in so großer Unordnung hir ist, daß Mein sohn woll Mühe wirdt haben, zu thun waß Er ahm liebsten wolte; Er wirdt auch viel leütte übel zu feinden machen, den 50 pretendiren waß Nur Einer haben kan, daß mach 49 mal *contenten*, ohne die zu rechnen, so Meinen sohn beneyden.

An Raugräfin Louise von der Pfalz

St Clou den 19 November 1716,

.... Lenor ist alß die gesundtste geweßen undt ists noch gar sehr undt allezeit von guttem humor; daß, glaube ich, erhelt ihre gesundtheit. Daß kan ich ihr aber nicht nachthun, den ich muß etwaß haben, so mir gefelt undt erfreüet, umb lustig zu sein können; ohne ursach kan ich es unmöglich sein undt die ursachen, lustig zu sein, seindt bludtsrar hir. Ich erinnere mich jetzt, daß, wie Ihr mir von mein enckeln geschrieben, heist Ihr sie königliche hoheit; den tittel führen nur die, so man *enfant de France* undt *petits enfants de France*. *Enfants de France* seindt die könige leibliche kinder undt ihre brüder, der könige bruderskinder, wie mein sohn undt seine schwester, wie auch die noch lebende großhertzogin, denen gibt man mitt recht den tittel von *altesse royal* oder königliche hoheit, aber meines sohn sohn undt töchter seindt nur *prince du sang*, die haben keinen andern tittel, alß *altesse serenissime*, undt unter *enfants de France* und sie ist gar ein großer unterschiedt in alles, sie haben kein *service par quartie*. Man kaufft die *chargen* nicht undt ihre *chargen* haben keine *grand officier*, noch *premier ausmonier*, noch *premier escuyer*, noch *chevallier d'honneur*. Die privillegien von unß seindt, daß, wen wir gleich sterben, behalten unßere bedinten, so man *officier de maison royale* heist, ihre prerogativen, daß, wen sie gleich bawern sein, doch nicht, wie die andern, gelt geben müßen, sondern haben viel freyheiten, alß wen wir noch lebten; daß können der *prince du sang* ihre nie haben. Also, wie Ihr secht, nicht allein im tittel, sondern in alles gar ein großer unterschiedt. Ich habe gedacht, daß es Euch nicht leydt sein würde, alle dieße unterschiedt zu wißen. Unßere Kinder haben *quartier* undt *officier* wie wir, auch daß kauffen undt verkauffen der *chargen*; allein es ist doch noch ein unterschiedt, sie haben keine *chaisse a bras*, noch *chaisse a dos* bey unß, wäschen auch nicht mitt unß, sie seindt aber, wie wir, auff den *drap du pied* in der kirch bey dem könig; die *prince du sang* aber, wie auch unßere enckeln, dorffen nicht außer dem *drap de pied*. Daß ist alles reglirt; es weiß ein jedes, wo es hin soll, seindt wir in tribunen, darff niemandts, alß unßere Kinder, sich bey unß knien, aber neben den printzen undt princessinnen *du sang* können alle damen knien, wen sie nur von *condition* sein. Also segt Ihr woll daß ein großer unterschiedt in allen ist. Mitt mir kan kein mansmensch eßen, aß *prince du sang*, *souverains* undt *cardinals*; mit meinen kindern eßen alle fürsten undt *ducs*, mitt den *prince du sang* alle edelleütte; vor unß kan niemandts sitzen, alß *duchessenn* undt *printzessen*, bey unßern kindern alle damen; die *duchessen* haben lehnstühl undt die *ducs* auch; bey den printzen *du sang* sitzen die *ducs* in *chaisse a bras*, wie sie, undt sie begleytten sie ahn der thür, undt *generallement* alle mansleüte sitzen bey sie undt eßen mitt ihnen. Es seindt noch mehr dergleichen unterschiedt, so mir jetzt eben nicht einfallen. Gott seye danck, daß unßere liebe printzes von Wallis glücklich zu *St. James* ahngelangt ist! Dieße reiße hatt mich in großen sorgen gesetzt, weillen sie einen bludtsturtz gehabt undt große schmertzen undt so nahe bey dem ziehl ist. Gott der allmachtige stehe unß ferner bey undt erhalte unß lange jahren die tugendtsame undt liebe printzessin! Ihre sentimenten *charmiren* mich recht. Ich hoffe, daß Ihr mir durch die erste post ihre glückseelige niederkunfft berichten werdet, liebe Louiße! den I.L. haben mir geschrieben, daß sie Eüch die *comission* geben werden. Mir were es kein danck, wen man sich auff meinen geburdtstag mitt schonen kleydern bützte; den da frag ich, sehe mein leben nicht, wie die leütte gekleydt sein, undt solte man meine eygene kleyder nehmen undt ahnthun undt vor mir kommen, würde ichs nicht mercken; den ich sehe mein leben nicht darnach, wie die leütte gekleydt, es müste den etwaß gar *ridiculles* sein. Fremde sprachen zu reden, stehet allen kindern woll ahn. Meine encklen in Lothringen können perfect teütsch undt frantzösch. Aber hiemitt genung, liebe Louiße!

An Geheimerat v. Hartling

St. Cloud den 26 november 1716.

.... Ich gestehe, daß mich der schleunige todt von dem armen herrn von Leibnitz *surprenirt* hat. Es ist woll schade, daß ein solcher gelehrter mann es nicht hat weiter bringen; er war alt undt über 80; muß doch einen sanften todt gehabt haben, weilen es so geschwindt hergangen, wenn die leütte gelebt haben wie dießer mann undt wie *Mons.* Harling mir sein leben beschreibt, kan ich nicht glauben, daß er von nöhten gehabt hat, prister bey sich zu haben, denn sie konnten ihm nichts lehren, er wuste mehr alß sie alle. *Sanct Paullus* sagt, daß die gutten wercke den wahren glauben zeichen, weillen sie die früchte davon sein; gewohnheit ist keine gottsforcht, man muß wißen, waß man in der gottsforcht thut; nur zum h. abendtmahl auß gewohnheit gehen, kan gott nicht ahngenehm sein, es muß auf wahren glauben gericht sein undt ein solchen glauben wir dadurch erweißen, daß wir gott danckbar sein, ihn lieben undt auf sein verdienst vertrawen, auch einen ernstlichen vorsatz, unßern negsten zu lieben undt ihm nach gottes gebot behülflich sein. Ohne dieße puncten glaube ich nicht, daß einige communion dinlich sein kan. Ich zweyffle gar nicht ahn des Herrn Leibnitz seeligkeit undt finde, daß er ein glück gehabt, nicht lang zu leyden. Gott verley unß allen ein seeliges endt,- biß er ahn mir kompt, daß ich auch fortgehe, werde sein undt bleiben ...

St Clou den 30 Juni 1718, ein viertel auff 8 uhr.

An Raugräfin Louise von der Pfalz

....wahre Christen, so gott die gnade gethan, ihn undt die tugendt zu lieben, kehren sich ahn daß pfaffengezäng nicht, sie folgen gottes wort, so gutt sie es verstehen mögen, undt die ordenung der kirchen, in welcher sie sich finden, laßen das gezäng den pfaffen, den aberglauben dem pöpel undt dinen ihren gott in ihrem hertzen undt suchen, niemandts ärgernuß zu geben. Diß ist, waß gott ahnbelangt, im überigen haben sie keinen haß gegen ihren negsten, welcher religion er auch sein mag, suchen ihm zu dinnen, wo sie können, undt ergeben sich gantz der gottlichen providentz. Daß ich Euch lieb habe, ist weder künst, noch wunder. Haben wir den nicht einen vatter gehabt undt welchen ich mehr, alß mein eygen leben, geliebt habe? Daß Ihr meiner fraw mutter dochter nicht seydt, ist Ewer schuldt nicht; Ihr reparirt daß Unglück Ewerer gebuhrt durch viel tugendten, warumb solt ich Euch den nicht lieben? Ob tugendt zwar keinen rang gibt, so ist sie doch über alles zu estimiren, undt daß macht auch, daß ich Euch von hertzen lieb habe undt all mein leben haben werde; drumb, liebe Louiße, müst Ihr nicht mir, sondern Euch selbsten dancken, daß ich Eüch estimire undt liebe. Ich bin nicht von denen devotten, so stehts in den kirchen stecken undt paplen viel zeügs daher. Wen ich unßern herrgott die bestimbte zeit ahngeruffen, gehe ich wider weg undt thue, waß ich sonst zu thun habe. Ich laße mich nicht stöhren und stecke nicht lenger in den kirchen, alß andere, die den geraden weg fortgehen undt, wie daß sprichwort hir lautt, „keine heyllige freßen". Also macht Eüch keinen scrupel! Ewer brieff hatt mich nicht ahn meiner devotion gestört. Seyder vergangen sontag 8 tag regnets alle morgen, aber nachmittags ist es schön wetter, außer gestern, da es geregnet undt geschlost hatt. Apropa vom hagel, er hatt 7 dörffer in Lottringen ruinirt undt alles zerschlagen, sollen noch in andern ortten auch geweßen sein undt schloßen von 2 pfundt schwer gefallen sein. In Lottringen, wie mein dochter mir schreibt, contribuiren sie es den hexsen. Daß ist eine alberne meinung, daß sich weiber undt maner in den wolcken verstecken können undt hageln, umb alles zu verderben. Zu Paris glaubt man ahn keine hexsen undt hört auch von keine. Zu Rouen glauben sie, daß hexsen sein, undt dort hört man immer davon. Es were mir leydt, wen Ihr diß regen undt ungewitter im Schlangenbaadt haben soltet; den daß ist nicht gutt. Ihr thut woll, so ohnnohtige Unkosten zu sparen. Daß ist nicht discret von der graffin von Wittgenstein, Eüch zu Geißenheim mitt so viellen leütten zu überfahlen; undt wen Ihr auch schon reich wehret, müste es Eüch doch incommodiren, so viel leütte auff den halß zu haben. Es seindt viel leütte so, welche gar keine consideration haben, meinen, alles seye, ihnen zu dinnen. Hir im landt desfrairt man nur die vornehmen personnen, aber kutschen, pferdt undt alle livrey müssen die herrn selber ernehren. Dieße mode solte man in Teütschlandt auch folgen, da man doch Franckreich alles nachmachen will. Es ist billig, daß Eüch dieße gräffin fr. mutter heist, weillen Ihr muttertrew ahn ihr gethan habt. Wen man sich vor personen interessirt, verdrist es einem recht, wen sie nicht sein, wie sie sein sollen. Daß ist nichts neües, daß ein man neben auß geht und maitressen hatt; unter 10 taußenden findt man nicht einen, so nicht waß anderst, alß seine fraw, liebt. Sie seindt noch zu loben, wen sie ihre weiber gutte wortte geben undt nicht übel mitt ihnen leben. Ich haße die historger; hettet mir gefahlen gethan, wen Ihr mir deß graffen von Wittgenstein seine verzehlt hettet. Daß kan man keinen boßen heüraht heißen undt habt Ihr Eüch hirin gar nichts vorzuwerffen. Daß kan nicht hindern, daß der graff von Wittgenstein nicht lobenswerdt ist; den er kan sonsten gar viel guts ahn sich haben. Daß hindert wetter ahn verstandt, politesse, noch courage, deßwegen ein man zu loben ist. Sie ahn einem reichsgraffen zu heürahten, war woll gethan. Daß die reichsgraffen auff ihren standt halten, kan ich nicht desaprabiren. Die fraw von Veningen ist woll zu beklagen; man undt sohn auff einmahl verlohren zu haben, ist ein abscheülich undt insonderheit vor die, so lehen besitzen. Schwetzingen ist gar zu ein kleiner ort, umb einen großen hoffstaht zu halten, wie man sagt daß Churpfaltz hatt. Es scheindt, daß dießer churfürst kein comerce mitt mir halten will; den er hatt mir weitter nicht geschrieben. Wo mir recht ist, so seydt *Caroline* undt Ihr zu Schwetzingen gebohren. Wen die fraw von Veningen meiner dochter gleicht, kan sie nichts von h. Max haben. Meine dochter hatt gutte minen und eine feine taille, aber ihr gesicht ist gar nicht schön; sie hatt keine waß man hir traits heist, aber ein recht auffrichtig, from undt gutt gemühte hatt meine dochter, gott lob, welches ich der schönheit vorziehe....

Mein sohn ist woll eine geplagte; er hatt so viel zu thun, das er kaum eßen, noch schlaffen kan, jammert mich offt so sehr, daß mir die threnen drüber in den augen kommen, thut hundert leütten guts, die es ihm doch gar kein danck. Undanckbarer leütte, alß hir im landt sein, habe ich mein tag deß lebens nicht gesehen. Dem preßident hatt er vergangen jahr zu fünffmahlhunderttaußendt francken geholfen; der ist nun gegen ihm dem hinckenten bastard zu, welchem mein sohn viel gefallen auch gethan undt ja dazu sein schwager ist, welches dießem falschen teüffel ja ehre genung ist. Die falschheit ist gar zu arg hir im landt, ist aber, wen ich alles hirauff sagen solte, waß zu sagen were, müste ich ein buch ahnstatt eines brieffs schreiben. Dieße sagen machen mich offt recht trawerig, will derowegen.

An Geheimerat v. Harling

St. Clou den 3. Julli 1718.

....Von meiner langweilligen *ceremonie*, den ersten stein im closter *de l'abbaye au bois* zu legen, werde ich nichts mehr sagen; aber ich bin woll seiner meinung, daß unßerm herr gott wenig dran gelegen ist, ob einer kirchen erster stein von einem maurer oder fürsten gelegt wirdt, denn wir seindt ja alle nur staub undt aschen vor unßerm herr gott.... Ich habe gottlob noch einen gutten teutschen magen, der alles woll verdauet; alle abendt eße ich ein *salatgen*, so alle Frantzoßen sehr verwundert; sie verderben ihre magen, daß sie sie mittags undts abendts zu sehr überladen .... Ich finde, daß es eine rechte liebe ist, wenn man kinder scharpf helt; wenn man raisonabel wirdt, auß welcher ursach es geschehen, undt weiß denen am meisten danck, so mit solcher *affection* unß zum beßten vor unß gesorgt haben, denn von *natur* seindt alle kinder zum boßen geneigt, drumb muß man sie kurtz halten. Wolte gott, die gutte fraw von Harling were bey mir geblieben, biß ich geheuraht worden, so würde ich noch beßer geworden sein; zu der jungfer Colb hatte ich keine *affection* noch vertrawen. *Mons. de Polier* aber der hat die hoffmeisterstelle redtlich verricht; wer mir aber noch mehr *instruction* geben, war der gutte ehrliche *Weibenheim* dem habe ichs auch all sein leben danck gewust.

An Geheimerat v. Harling

St. Clou den 25. Julli 1718.

Ich muß mich sehr eyllen, den das eßen ist getragen, nur sagen, daß ich die metwürst nicht entpfangen habe; aber umb zu weißen, daß man sie hir gutt findt, so hat man mir einmahl ein gantz kistgen weg gefreßen, so unßere liebe seel. Churfürstin mir geschickt hatte .... Niemandt ist hir verwundert, daß ich diese speyßen gerne eße; ich habe hir auch den rohen schincken in *mode* gebracht, undt viel von unßern teutschen eßen, alß sawer- undt süßkraudt, sallat mit speck, braunen kohl, auch wiltbrett, das man hir schir gar nicht ißt, das habe ich alles *à la mode*; und pfannkuchen mit bücking, dem gutten seel. König hatte ich diß eßen gelehrnt, er aß es hertzlich gern. Ich habe mein teutsch maul noch so auf die teutschen speißen verleckert, daß ich keinen eintzigen frantzöschen *ragout* leyden noch eßen kan, eße nur rindfleisch, kalbsbratten undt hammelschlägel, gebrattene hüner, selten feldthüner undt nie faßanen.

An Prinzessin Caroline von Wales

9. August 1718.

Ich muß wohl häßlich seyn, ich habe gar keine *traits* gehabt, kleine Augen, kurze dicke Nase, platte lange Lefzen, – das kann kein Gesicht formiren; große hangende Backen, ein groß Gesicht und bin gar klein von Person, dick und breit, kurzer Leib und Schenkel; *summa summarum*, ich bin gar ein häßlich Schäzchen. Hätte ich kein gut Gemüth, könnte man mich nirgends leiden. Um zu sehen ob ich Verstand in Augen habe, müßte man sie mit ein Microscope oder wenigstens mit einer Brille mit *conserven* ansehen, sonst ist es eine Kunst davon zu judiciren.

An Raugräfin Louise von der Pfalz

St Clou, den 23 8br 1718, umb 8 uhr morgendts.

..Nichts verbeßert sich hir, man muß nur zufrieden sein, wen nichts neües schlimes vor handen kompt. Es ist leicht zu finden, warumb mein sohn in gantz Franckreich gehast ist. Die alte zot, der *duc du Maine* undt seine gemahlin, wie auch die gantze spanische parthey haben eygene leütte, die von hauß zu hauß gehen undt meinen sohn alß ein munster außschreyen, alß ein vergiffter, einen dieb, der alles stehlt, da doch mein sohn der desinteressirtste mensch von der welt ist undt so gutt, daß er recht betrübt ist, wen er nicht alles guts thun kan, so er wünscht, undt so incapabel menschen zu vergifften, daß er keinen thier leydt thun kan; aber sie haben ihre ursachen undt *dessein* formirt, so sie folgen. Solche sachen seyndt jederzeit in den *regencen* geweßen, die *ambition* threhet manchem den hirnkasten. Vor alle gutte wünsche dancke ich Eüch sehr. Gott stehe unß bey! wir habens hoch von nöhten, hertzliebe Louiße!

...Wie Ihr mir die pfaltzgraffin beschreibt, muß sie hofflich, wollgezogen undt ahngenehm sein. Wer ist die oberhoffmeisterin? Ihr sagt ihren nahmen nicht. Ist der eßsahl noch zu Schwetzingen, der einen ercker hatt, so auff den vorhoff undt die mühl sicht? Zu meiner zeit logirte mein bruder s. in dem *apartement*. I. G. der churfürst, unßer Herr vatter, undt

Ewer fraw mutter wahren im zweytten stockwerck, wo die cammern luftiger sein undt über den gartten ins flache felt sehen. Ich logirte just gegenüber die brück undt daß thor vom schloß. Hatt man ein stockwerck hinter diß *apartement* gemacht, so muß der graben gefüllt sein worden. Habt Ihr meine cammer nicht mehr gekendt? Aber wie nun alles dort geendert ist, würde ich sie woll selber nicht mehr kennen; keinen thurm weiß ich zu Schwetzingen, alß die zwey schwindelstiegen, oder schnecken, welches gantz oben ein cabinet, so eine schöne außsicht hatt undt wo man daß schloß zu Heydelberg perfect sicht. Wen mäner alt werden, steht es ihnen beßer, dicker, alß mager zu werden; daß gibt ihnen gutte minen ...

Interesse ist eine verfluchste sach von der welt, so alles verdirbt auff den ganzen erdtbotten, so die welt falsch undt untrew macht. Ich habe einmahl eine medaille von bley von teütschen meister gesehen, ich glaube, es ist der itzige churfürst von Trier; das gliche meinem armen bruder s. so perfect, daß ich meinte, daß es vor ihm gemacht were. Schreibt mir doch, bitte ich Euch, liebe Louise, ob der churfürst von Trier meinen bruder s. in der that gleicht, oder nicht!

An Dieselbe

St Clou, sontag, den 13 9br 1718, umb 7 uhr morgendts.

... Es ist eine erbarmbliche sache, blindt zu werden; wolte liber todt sein, alß blindt. Meine augen seindt bey weittem nicht so gutt, alß sie geweßen sein; allein ich habe doch zum leßen, noch schreiben keinen brill von nöhten undt sehe noch so woll von weittem, alß von nahe. Wie lang es wehren wirdt, mag gott wißen. Ein gutter occulist, so nun todt, aber der konigin von Sicilien boße augen courirt hatt, wie sie noch ein kindt, hatt mir gesagt, ich solle mich, wen ich ahnfangen würde, einigen unterschiedt ahn meine augen zu spüren, mich nie weder brill, noch conserven gebrauchen, sondern gedult haben, daß gesicht würde wiederkommen. Dießen raht folge ich undt befinde mich woll dabey, sehe nun beßer, als vor 10 jahren. Die tage seindt nun kurtz, verlangt mich, zu vernehmen, daß Ihr wider woll undt glücklich mogt zu Franckfort ahnkommen sein. Fahren macht, wie mich deücht, nicht müde, man habe den kutschen ohne ressort wie ich hoffe, daß Ihr nicht habt. Der weg nach Schwetzingen ist ja eben, wie dieße kamer, nicht einmahl ein Hügel zu finden. Daß wetter hir ist nebellicht, aber nicht kalt. Zu meiner zeit hatt man den Heydelberger berg auch nicht gescheüet. Alles endert in der weldt, wirdt aber leyder nicht beßer. Es ist mir leydt, liebe Louise, daß Ihr ohne gelt wider weg geschickt werdt. Ihr habt den ruff, liebe Louise, allezeit alles weg zu geben, waß Ihr habt, undt daß Ihr lieber selber leydt, alß nicht zu spendiren. Daß ist doch ein großer trost, überall woll ahngesehen undt lieb zu sein. Den St Hubertstag muß man jagen. Dießer tag hatt mich vor dießem hertzlich erfreüet, nun feyere ich ihn nicht mehr mitt jagen, habe der jagt, auch in caleschen, gantz abgesagt, frage nichts mehr darnach, alß wen ich mein leben nicht gejagt, habe doch dieß handtwerck 40 jahr lang geführt 2 mahl die woch, auch offt mehr. Aber so gehts; nichts ist bestandig in der welt. Nichts ist verdrießlicher, alß die interuptionen, wen man zu schreiben hatt; mich machts recht ungeduldig. Ich bitte, schickt mir die allerneüeste durchleüchtigste welt undt auch die callenderger wie vorm jähr, wo alle gebuhrten in stehen! Daß nehm ich zum geschenck ahn; aber die durchleüchtigste welt müst Ihr mir schreiben, waß sie kost, die will ich bezahlen. Dem dumherren Veningen habe durch seine tante Lenor den brieff geschickt. Ich thue gern gefallen, liebe Louiße, wo ich kan. Alle der fraw von Rotzenhautzen brieff schickt man mir; ihr würdt es viel kosten undt mir kost es gar nichts, den bezahle kein postgelt, habe ich post frey wegen meines rangs.

An Geheimerat v. Harling

Paris den 26. Jan. 1719.

... Meines sohns feinde, so in großer menge bey hoff sein, haben nicht auß lieb vor *mons.* du Maine, sondern auß haß vor meinen sohn solche falschheytten undt lügen von ihm außgebreydt undt das in gantz

Frankreich, daß man mühe haben wirdt, die leutte zu desabuiren, welches noch desto undanckbarer ist, indem mein sohn allen hoffleutten, seyder er regent ist, mehr guts gethan, alß der König s in seiner gantzen regierung gethan. Aber alle seindt nicht zufrieden, wenn sie nicht selber regieren undt regenten sein; welches woll eine ungerechte sache ist. Alles hatt *ambition* in Franckreich biß auff die weiber, so alle meinen sie würden das königreich woll regieren können, undt wir lachen alle einander auß: sie mich, daß ich mich undüchtig dazu halte undt fest glaube, daß es der weiber sache nicht ist, undt mich in nichts mischen will, undt ich sie, daß sie so falsche *opinionen* von sich selber haben undt sich viel capabler einbilden zu sein, alß ich finde, daß sie sein undt ihre naß in alles stecken. Mein sohns gemahlin were in der that recht zu beklagen, den sie nicht in der falschen *opinion* war, daß ihrem bruder unrecht geschehen, daß er nicht regent seye undt ihrem man undt dem fürsten vom königlichem geblütte solte vorgezogen werden undt will nicht begreiffen, daß der bastart standt eine schande seye undt sie durch ihren heuraht erhöhet ist worden, da doch ihre elste schwester undt jüngster bruder beydes gestehen. Das macht mich unter unß gerett ettlich mahl recht ungedultig über sie, gehe davon, umb nicht zu reden, würde sonsten greulich mit der thür in die stuben fallen. Mein sohn ist ein unglückseeligsr mensch, den heuraht gethan zu haben; hette er mir geglaubt, were es nie geschehen undt hette nun seine *coudée franche*, wie man hir im sprüchwort sagt, aber es ist gottes wille nicht geweßen, er hat unß, insonderheit mir, dieß fegfewer geschickt; sie ist gantz vor ihren bruder undt verhehlts nicht sonderlich. So eine zeitt wie dieße hatt man, glaube ich, noch nie erlebt, da man nichts alß lautter unglück undt verdrießlichen sachen hört. Das macht die rauschenplattenknechtger ahn statt lustig sehr nachdencklich. Ich kan leicht erdencken, waß ein abscheulicher Verlust durch den brandt zu Berlin muß geschehen sein. Unser hertzog von Lotteringen ist nicht so reich wie der König von Preußen undt sein verlust alles wohl abgeregnet geht auff 3 millionen in allem ... Des *duc* und der *duchesse du Maine* boßheit ist nicht zu erdencken; von ihm wunderts mich eben nicht sehr, denn er hat die unchristlichste, ehrvergeßendste und leichtfertigste mutter von der welt gehabt, aber waß zu verwundern ist, ist seine gemahlin, die noch viel schlimmer ist als er, undt die tugendtsambste mutter von der welt *Anne de Condé*] hatt ... Ich sehe gern gutte ehrliche Teutschen, sie haben einen freyen zutritt bey mir undt daß kan ihnen noch weniger fehlen mit *mons.* Harlings recomandation.

An Raugräfin Louise von der Pfalz

Paris den 23 Februari 1719, ein ¼ auff 8 morgendts.

So lange ich meinen sohn von den vornehmbsten hir im landt gehast sehe, kan ich nicht in ruhen sein. Seindt sie bei ihm, so ist nichts *souplers* undt voller protestationen. Von hir gehen sie in ihren *assambleen*, wo sie den teüffel von meinem sohn sagen undt allen möglichsten fleiß ahn, ihn von der gantzen weldt verhast zu machen, undt wen sie jemandts finden, so ihn auch hast, thut man ihnen taußendt caressen undt versprechungen. Ahn dießer falschheit kan ich mich nicht gewehnen. Daß ängstet mich, den in den *assambleen* wünscht man allezeit meines sohnes todt. Ich fürchte alß, das einer sich einmahl im kopff setzen wirdt, eine starcke recompens zu bekommen, einen verfluchten schlimmen streich thun wirdt. Gott lob, daß der carneval vorbey ist! den mein sohn fing wider an, gegen sein versprechen zum bal zu gehen. Ich bin persuadirt, daß er schon dahin wehre, wen unßer herr gott nicht frommen seelen vor ihm erhöret hette; bitte derowegen, liebe, continuiret, vor ihm zu betten! Ich glaube nicht, daß bößere undt falschere leütte in der weldt können gefunden werden, alß hir sein. Mein sohn ist zu betawern; er hatt die beste intentionen von der welt, liebt sein vatterlandt mehr, alß sein eygen leben, er hast niemandts, wolte gern alle menschen vergnügt sehen.

Er arbeydt tag undt deßwegen, verschliest leben undt gesundtheit mitt undt alebenwoll will mans ihm nicht den geringsten danck wißen. Ihr könt die boßheit, so man gegen meinen sohn hatt, nicht begreiffen, weillen Ihr selber gutt undt nicht interessirt seidt undt nicht begreifft, daß man groß unrecht vor gelt thun kan.

Der printz von Hannover ist noch gar jung, umb zu heürahten, ist ja erst 12 jahr verwichen monat geworden. Die printzes, so man im destinirt, ist seyder dem verwichen October 13 jahr alt worden, würde also nahe bey zwey jahren alter, alß ihr herr, sein; aber daß schadt nichts, deß jetzigen landtgraffen von Cassel fraw mutter war 8 jahr älter, alß ihr herr. Mein gott! auß lieb heürahten macht die heürahten nicht. Ich habe hir etliche heürahten so gesehen, so gar übel außgeschlagen sein. Waß allein gutten ehen macht, ist, wen beyde personnen, so sich heürahten, *raisonabel* sein undt sich keine grillen in kopff setzen.

An Dieselbe

Paris, sontag, den 16 April 1719, umb 7 morgendts.

... Ich dancke Eüch sehr, liebe Louise, vor alle Ewere gutte wünsche. Meine gesundtheit erhelt sich, gott seye danck, gar woll, unahngesehen meinen vielfältigen sorgen undt *chagrin*, die sich täglich vermehren. Gutte sachen hören auff, aber gar böße selten. Liebe Louise, die welt wirdt alle tag ärger undt schlimmer undt boßhafftiger. Zu meiner Zeit sagte man in der Pfaltz daß sprichwordt nicht, wie jetzt undt wie Ihr es schreibt, daß, wens den leütten zu woll geht, so fangen sie waß ahn, sich zu verderben. Man sagt: „Wens der geiß zu wohl geht, so geht sie auffs eyß undt bricht ein bein." Man sagt hir, daß man verspürt hatt, daß in allen *regencen* man sich so maußig gemacht hatt undt allezeit rebelliit hatt. Wo kein könig regirt, bildt sich ein jeder ein, er müsse regieren. Sie haben daß rebelliren ahngefangen vor deß königs todt, wie man auß allen den briffen sicht, so man in den rebellenkisten undt in deß spanischen abgesanten seine gefunden, also die enderung von müntz nicht dran schuldig. Mein sohn hatt den könig, wie er in den *regence* getretten, mitt zweymahl hunderttaußend Millionen schulden gefunden. Er hatt wohl mittel suchen müssen, solche zu zahlen, hatt auch schon die helfft von dieser schult abgelegt. Solle man ihm nicht danck wißen, waß gemacht zu haben, so den popel nicht beschwehrt undt nur auff reichen fallen kan? Wo seindt in Frankreich die gutt meinenten vor ihren...? Außer mein sohn undt den *comte de Thoulouse* weiß ich kein eintzigen. Mein sohn thut sein bests wie daß sprichwort sagt, wie einer, der allein geicht. Vor interessirt kan man ihn woll nicht halten; den er hatt auff seine eygene pension alß regent renoncirt, dem könig keine zu große *despence* zu machen. Waß im überigen ist, habe ich wenig guts zu hoffen; den in Franckreich muß mehr forcht, alß lieb, sein undt die leütte zu recht .... Aber mein sohn ist zu gutt; er kans nicht über daß hertz bringen, sich förchten zu machen, undt daß wißn seine feinde nur zu woll. Den tag, wie er obligirt, den jungen *duc de Richelieu* in die Bastille, war er betrübt, alß wen ihm selber ein unglück. Undt dießen bößen buben solte er weniger beklagen; den der kleine schelm ihn gar offt ahn respect manquirt undt so von undt seinen tochtern gesprochen, daß dieß allein ohne daß große verbrechen ahm staadt die Bastille meritirt hette. Aber da lacht mein sohn nur über, macht mich recht ungedultig mitt, vexirt mitt seiner 3ten dochter, daß dieß bürschchen sie lorgnirt, ahnstatt böß zu werden. Ich habe ihm doch meine meinung dichte drüber gesagt undt ihn beschambt gemacht. Niemandt schambt sich hir im landt, undanckbar zu sein; es ist, alß wen sie es in die wette theten, wer es ahm meisten sein könte. Wo es nöthig ist, muß man keine unruhe sparen; viel sachen seindt, so niemandts meinen sohn sagen will, drumb frag ich darnach, es ihm zu wißen thun können. Gott der almachtige erhöre Ewere gutte wünsche, liebe Louise, vor meinem sohn, wozu ich von hertzen amen sage undt lieber, alß waß mich selber betrifft! Von Moscau weiß ich kein wordt. Der Czaar muß voll geweßen sein, wie er dem armen mahler den kopff abgehauen hatt; den wen er nüchtern ist, solle er nichts mehr von der reüsischen barbarey haben, aber wen er voll, kompts ihm wieder ahn...

In dem plan von Schwetzingen finde ich beßer den alten bau von meiner zeit, alß in der *elevation*,- war recht fro, die mühl wider zu sehen. Schwetzingen were beßer den frühling undt sommer zu bewohnen, alß Heydelberg; den man kan beßer dort spatziren im Ketzscher walt, welches ja eine recht schonne promenade ist, wo er noch stehet, undt baldt wirdt man viel gutte ertberen dort finden. Im kleinen weltgen zwischen Schwetzingen undt Heydelberg seindt auch gar gutte, aber zu Heydelberg ahn berg seindt die heydelberen ahm besten. Bey Paris seindt keine zu finden; man bringt mir alle auß Normandie, seindt aber nicht so gutt alß beu unß, viel kleiner, druckener und sawerer, alß in der Pfaltz. Der churfürst solte Friedrichtsburg wider bawen; daß würde ihm ja alle seine leütte wider logiren können, wo nicht in der festung, doch in der statt Manheim.

... In dießem morgen erfahre ich, daß die alte Maintenon vereckt ist, gestern zwischen 4 undt 5 abendts. Es were ein groß glück geweßen, wen es vor etlich undt 30 jahren geschehen were.

An Geheimerat v. Harling

Paris den 20. april 1719.

Mich deucht der Königin in Schweden regierung fengt nicht glücklich ahn, weilen es mit hencken, viertelen undt kopfen ahnfengt, also lauter *tragedien*. Mich deucht auch, daß es jetzt in allen ecken undt enden so wunderlich zugeht, daß man meinen solte, daß der jüngste tag nahe were.... wir haben vergangenen sambstag eine fromme seele zu *St. Cire* verlohren, nehmblich die alte *Maintenon*; ein donnerwetter ist schuldig an ihrem todt, denn es hat ihr die rödtlen, so sie hatte, einschlagen machen, davon ist sie wie ein jung mensch gestorben. Sie hat vier jahre von ihrem alter verhehlt, sie gab sich nur 82 Jahr, undt war 86 alt. Were sie vor 20 jahren gestorben, hette es mich hertzlich erfreuet, aber nun ist es mir weder lieb noch leydt.

An Geheimerat v. Harling

St. Clou den 11 may 1719.

... Der *Maintenon* ist nicht so sehr zu bewundern, alß daß sie wie ein jung mensch gestorben. Solte man sich in jener weit kenen, so wirdt in jener welt, wo alles gleich ist undt kein unterschiedt des standts, dieße dame zu wehlen haben, ob sie bey Louis XIV. oder den lahmen *Scarron* wird bleiben wollen. Solte der könig dort wißen, waß man ihm in dießer welt verhehlt, wirdt er sie dem *Scarron* guttwillig wider geben. Ihre *niepce* das geld beßer ahnzuwenden, alß vor die böße seel ihrer *tante* beten zu laßen undt die pfaffen machen nichts mehr weiß.

An Prizessin Caroline von Wales

9. September 1719.

Ein Mann so lange Jahre allezeit beim Könige gewesen, mit ihm bei der *Maintenon* alle Abend gearbeitet, also alles gehört hat, und mein guter Freund ist, hat mir gesagt, daß so lange die Zott ist am Leben gewesen, hätte er mir es nicht sagen wollen, aber seitdem sie todt, wolle er mir gestehen, daß der König eine rechte Freundschaft zu mir getragen, denn er hätte öfters mit seinen eigenen Ohren gehört, wie sie den König geplagt, und alles übels von mir gesprochen, um mich bey dem König verhaßt zu machen, aber der König hätte allezeit meine Parthey genommen, das wird gewesen seyn, was mir der König auf seinem Todbette gesagt: *on a fait tout ce q'on a pû, pour que je vous haïsse M^{de} mais ils n'ont pas réussi. Er setzte dazu, da8 er mich zu wohl gekannt hätte, um daß die Verläumdung hätte anhaften können. Die alte hatte eine so coupable Miene, wie mir der König das sagte, daß ich wohl nicht zweiflen konnte, daß es von ihr kam.*

An Raugräfin Louise von der Pfalz

Sonntag, den 16 November 1719.

.... Wo daß ober thor ist, weiß ich woll, den ich habe gar offt in deß herrn oberamptman von Heydelberg, deß herrn von Landaß, hauß, so geraht unter dem thiergartten war; offt deß morgendts umb 4 bin ich nunder gangen durch den burgweg undt habe mich dort so voller kirschen gefreßen, daß ich nicht mehr gehen kundt; den sie seindt unvergleichlich beßer in deß Landaß gartten, alß in keinem ort in Heydelberg. Keinen großen platz habe ich nie dort gesehen; aber wo zu meiner zeit ein großer platz war, daß war auff der rechten seytten von der frantzößchen oder closter-kirch; da hatt man einen hundtsstall auß gemacht, war vor dießem der solmische hoff geweßen ....

Daß seindt aber alte geschichten. Umb wider auff Heydelberg zu kommen, so jammern mich die arme leütte so, undt einen holtzern tag predigen hören bey dem feüchten regenwetter, daß wirdt abscheüliche fluß undt husten geben undt schnupfen; daß wetter ist recht darnach itzunder. Die reiß von Schwetzingen nach Heydelberg ist kurtz. Ich glaube, ich konte dießen weg vom Speythohr biß nach Schwetzingen gantz allein noch finden. Von Schwetzingen auß ließe ich Offtersheim undt Epelheim undt Blanckenstatt auff der lincken handt, fuhr erst durch ein flach felt, hernach in der mitten durch ein klein wältgen, darnach wieder ins flach felt bis ahns Speyer-thohr; daß fahredt man bey deß schinders hauß vorbey, von dar bey dem spittahl, hernach bey dem quadischen hauß undt die lutterisch kirch, hernach zu endt der gaß threhet man auff die rechte handt, fahrt lengst dem graben bey Seckendorffs hauß vorbey, hernach bey deß Seyllers vatters hauß, deß ferbers, da threhet man bey der kelter auff lincken handt umb; auff der lincken handt auch findt man St Anne kirch, darnach kompt man ahn den großen berg undt fährt nauß; man lest *Bettendorff* hauß auch auff der linken handt undt deß alten *Marots* hauß undt seinen laden; etlich heüßer hernach findt man den brunen, so zwey röhr hatt undt steht *en face*, hernach threhet man ein wenig auff der rechte handt; ahn dießem ort ist der berg ahm schwersten zu fahren. Auff der seytten war zu meiner zeit ein schildt mitt einer silbern schaffe-scheer; waß nun ist, weiß ich nicht. Darnach kompt man in einem lehren platz, wo man die statt sicht, undt auff der rechten handt ist deß gartners hauß, just wo der weg vom wolffbrunen ahnfangt. Hernach fährt gegenüber den gartten im vorhoff, wo der kleine gartten. Darnach threhet man auff der lincken handt zur ziehbrücken, bey welchem zwey geharnischt mäner von stein stehen, undt oben drüber war ein mont wie eine kugel, so man im schloß undt draußen sahe, undt die schloßuhr war in einem viereckenden thurm drüber. Da segt Ihr, liebe Louise, wie ich mein Heydelberg noch so woll außwendig weiß. Es ist eine böße nation daß pfaffengeschlegt; der ist glücklich, so nichts mitt ihnen zu thun hatt. Ich bin froh, daß meine natürliche *expression*. Ich habe gutte hoffnung, daß es vor unßere gute, ehrliche Pfältzer woll gehen wirdt, weillen der keyßer selber vor sie ist. Mein sohn wirdt gar gewiß sich nicht in dieße Händel mischen. Ich glaube nicht, daß Churpfaltz undt mein sohn einander schreiben; den ich glaube, es ist difficultet wegen deß ceremonials. Dem seye aber, wie ihm wolle, so wolte ich mein kopff verwetten, daß mein sohn daß nicht geschriben hatt; daß ist der pfaffen rechtes krautt, ihren moglichsten fleiß zu thun, die leütte zu schrecken.

An Geheimerat v. Harling

St. Cloud den 23. novembre 1719.

.... *Alberoni*, so mehr das fewer alß das waßer verdint, wünsche ich ein salamandre zu werden? es ist woll ein verfluchter pfaff, der nichts alß alles übels ahnrichten kan. Es mag also auch gar woll sein, daß dieß saubere bürschgen es mit den pfaffen zu *Heydelberg* ahngestelt hat, die armen *reformirten* zu plagen; wenn selbige boßhafftige pfaffen ein wenig könten gezüchtiget werden, were es mir nicht leydt, sie hettens woll verdint; dem Churhauß hat es kein glück gebracht. Die Pfaltzgraffin von Sultzbach, der Churfürstin fraw dochter, hat sich abermahl von einem *printzen blessirt* undt gar ein unglücklich kindtbett gehabt. Die pfaffen machen kurpfaltz weiß, *Heydelberg* seye dran schuldig, wirdt also die arme pfaltz wider quittiren; ob I.L. aber nach *Neuburg* oder nach *Düsseldorf* werden, weiß ich nicht. Mir ist es vor die gutte pfaltz leydt; were ich Churfürst, blieb ich gern dort, denn es ist gar gutt dort wohnen, undt glaube, daß das landt zu Neuburg oder Düsseldorf schöner alß die liebe Unterpfaltz ist, aber wie das sprichwordt lautt:

„Einem jeden seine weiß gefelt,
Undt seinen dreck vor Weihrauch helt."

Aber von waß poßirlichers zu reden, alß von dem unglück der armen pfaltz, so muß ich *Mons*. Harling verzehlen, wie narrisch die *banque* von *Mons Law* hir alle Menschen macht, insonderheit die *damen*. Der *interes* ist abscheulich hoch in Franckreich gestiegen, weilen es den leutten den hirnkasten gantz verruckt, undt alles waß sie erdencken, umb mit *mons*. Law zu sprechen, ist gar zu poßirlich .... Man hört in der welt von nichts anderst reden, alß *soumissionen, actionen, Missisippi* undt *rue de Quincampoi* ich bins so müde, daß ich es schir nicht mehr außstehen kan. Ich werde leyder übermorgen über 8 tag nach *Paris*, umb dort dießen winter zu bleiben. Kein ort in der welt ist mir so zuwider, alß *Paris*. Ich fürchte wir werden endtlich die *pest* dort bekommen; den es seindt gar zu viel leutte dort; die banque von *mons. Law* zicht von allen orten so viel leutte nach *Paris*, daß es ungläublich scheint; seyder 4 wochen sollen 250 tausend menschen mehr zu *Paris* sein, alß vorher geweßen. Gott gebe, daß unter dießer zahl sich keine *Alberonisten* und *du Mainesche* finden; gott stehe unß bey, wir habens hoch von nöhten.

An Geheimerat v. Harling

Paris sontag den 17. december 1719.

... Er schreibt mir eine zeitung, so mich erfreuet: daß der apotheckerische fürst von *Anhalt-Dessau* nicht mehr bey dem König in *Preußen* sein wirdt. Wenn er undt der *Czaar* beysammen sein werden, wirdt man mit recht das alte teutsche sprichwordt sagen könen: „Gleich und gleich gesellt sich gern, sprach der teuffel zum Kohlenbrenner." Dießer herr hat einen *discours* zu *Turin* gegen meinen sohn geführt, so ich noch auf dem magen undt nicht verdauet habe: mit welcher lust er meinem söhn eine pistolkugel durch den kopf jagen wolte. Der König von *Sicillien* wurde recht böß auf ihn, sagte ihm ins gesicht: er müste voll undt doll sein, umb so zu sprechen. Die apotheckerin, seine Gemahlin, wirdt sich gar woll zu der *Czaarin* hoff schicken, da ist nichts ahn verdorben. Ein solcher mensch wie der *printz* von *Dessau* kan woll keinen gutten raht geben, alß ahn löwen undt tigern undt *Moscowitter,* so nicht weniger wildt sein, alß er ist. Mich wundert, daß der verstorbene König in *Preußen* gelitten hat, daß dießer sein wilder *neveu* mit seinem herrn sohn umbgangen ist, da kont er ja nichts gutts von lehrnen. Daß dießer dolle printz zum *Czaar* gehet, wundert mich gar nicht, man findet die ursach in der *commedie* von *Corneille*: *„ il est des noeuds secrets, il est des simpaties"*. ich finde, daß sie viel *simpatien* haben: in grausamkeit undt im geringen heuraht. Es ist woll schadt, daß ein so alt hauß wie *Anhalt* durch ein so wildtes thier verschendt geworden ist; seine armen unterthanen jammern mich. Ich weiß nicht, ob ich *mons.* Harling schon geschrieben habe, daß mein enckel, *Mad* [lle] *de Valois,* die braut mit dem erbprintzen von *Modene* ist; wir erwarten nur die *dispense* vom *papst,* weilen sie im vierten gliedt verwandt sein. Wir haben gar nichts neues.

An Geheimerat Harling

St. Clou, den 9. Juni 1720.

.... Ich ehe gern ein gutt stück rindfleisch mit mustert, einen gutten hammelschlägel mit salat, gebrattene haaßen, aber keine caningen kan ich eßen, wie man es auch zurichten mag; ich kan auch keine von den gemästen hünern eßen, sonder nur junge hüner, summa lautter gutte undt gesundte speyßen. Ich laße mir oft auch teutsche eßen geben, einen haaßen- oder ganßenpfeffer, lungen, mußkraudt mit Hammelfleisch, kalbfleisch mit mageran. Aber hirmit genung von küchenzeug gesprochen, will nun gar große undt serieuse zeittungen sagen: vorgestern hat der *garde des sceaux*, *Mons. Dargenson* meinem sohn alle königliche sigel wider gebracht, weilen er vernohmen, mein sohn den cantzler wider berufen hette, indem er jetzt erst dießes cantzlers *Dagueseaus* erfahren undt wie man ihn fälschlich mit so vielen umbständten angeklagt hatte. Dießer ist nun wider in seinen cantzlerstandt *etablirt*; hirzu kan man sagen, wie jungfer Colb unß alß pflegte zu sagen: „Kinder, glaubt mir, es geht nirgendts wunderlicher her, alß in der welt.“ Gestern ist der *premier president* mit noch 3 andern von den vornehmbsten *presidenten* vom *parlement* zu meinem sohn kommen, umb mit ihm undt dem cantzler raht zu halten über alle die *affairen* von der banque undt müntz; waß aber *resolvirt* worden, werde ich nicht verzehlen, denn ich habe weder verstandt noch gedechtnuß genung, es woll zu *expliciren*, es wirdt aber baldt in druck kommen .... Ich fange wider ahn, ein wenig zu gehen, spatzirte gestern zu Madrit bey *Mad*lle *se Chausseraye* eine *allée* von 200 *toisen* lang undt war nicht zu müde. Dießе *dame* ist eine von meinen freüllen geweßen; sie hat gar viel verstandt undt gutten *humor*; ihr häußgen, so ihr der seel. Rönig geschenckt, ist klein, aber sauber und artig, ein hübsch höltzgen mit vielen *alléen*, ein klein *paterre* .... sie hat immen, sie hat tauben undt gar schöne kühe, also viel zu *amusiren*, denn ich liebe alle thier undt alles, waß landtzeug ist, gefällt mir beßer als die schönsten paläst undt alles waß man in stätten, außer wenn *Baron commedie* spilt, daß ist, waß mir ahm besten zu *Paris* gefelt. Er hat unß am vergangenen mitwog *le misanthrope* gespilt: in der welt kan man nicht beßer spillen, alß er that, ist auch sehr *approbiret* worden .... Meine schwachheiten undt matt sein hat mich eben nicht so grittlich gemacht, alß all der *desordre des billet de banque*. In meinem sinn ist es beßer in Franckreich ein ackermann zu sein, alß *regent*, aufs wenigst ist man seines lebens sicherer undt bekompt nicht so viel feindt undt mißgünstige.

An die Raugräfin Louise von der Pfalz

St. Clou den 15 Augusti 1720, umb 10 uhr nachmittags

Die Parißer leüte seindt die besten leütte von der welt; wen daß parlement sie nicht auffgewickelt hette, hetten sie sich ihr leben nicht entpört. Ach, armen leütte haben mich recht touchirt; den sie haben nur gegen monsieur Laws undt nicht gegen meinen sohn geschriehen; undt wie ich in der statt durch den pöpel fuhr, gaben sie mir lautter benedictionen, haben mich so touchirt, daß ich schir geweint hette. Es ist kein wunder, daß man mein sohn nicht so sehr, alß mih, liebt; daß thun seine feinde, so ihn vor einen gottloßen menschen außschreyen undt vor einen bößen man, da er doch in der that der beste mensch von der welt ist undt nur gar zu gutt. Waß ich auch von *Monsieur Laws* sisteme habe rühmen hören, so habe ich es nicht allein nicht verstanden, sondern auch allezeit fest geglaubt, daß es kein gutt endt nehmen könte. Ich kan kein blat vors maul nehmen; ich habe es meinem sohn blatt heraußgesagt; aber er sagt, ich judicire übel davon, weillen ich kein begreiffen könte, hatt es mir außlegen, aber je mehr man mir davon spricht, je weniger kan ich es begreiffen. Daß man einem auff den Blocksberg wünscht, ist ein alt teütsch sprichwordt; ich habe aber nie gewust, wo der Blocksberg eygendt ist. Ich bin aber die sachen so müde, daß ich von waß anderst reden will. Weniger unruhe kan mir woll kommen, wen es gottes will were, aber freüden, liebe Louise, die können mir nicht kommen; dancke Eüch doch, mir solches zu wünschen. Ich habe hir kein wordt davon gehört, daß ein frantzöscher *envoye* in die Pfaltz geschickt worden, glaube es also nicht, will es doch meinen sohn morgen fragen. In dießer jahrszeit undt wen es zum herbst geht, gibt es ordinarie kranckheit; ich aber habe dieße lufft nie schlim gefunden, bin mein leben nicht krank dort geweßen. I.G. s. der churfürst hatt Manheim woll hertzlich lieb gehabt, mein bruder s. aber hatt Heydelberg lieber. Ich scheüe die Hitze nicht, drumb war ich gern zu Manheim. Es were mir leydt, wen daß schloß zu Manheim nicht außgebaut. wir seindt ja gar offt im sommer dort geweßen.

An Dieselbe

St. Clou den 3 May 1721.

Ihr werdet durch mein schreiben von vor 8 tagen ersehen haben, wie daß man mir vergangenen sonntag wider den grünen safft hatt schlucken machen, so mich wider starck purgirt undt abgematt hatt. Seyder gestern fange ich wider ahn, mitt beßerm apetit zu essen undt nicht mehr so großen widerwillen zu der speiße habe. Ich eße mein leben keine frantzösche *ragoust*, finde es ein unsauber undt widerlich geschmir, habe mich mein leben nicht dran gewohnen können. *Monsieur le Dauphin pere* undt sein sohn, der *duc de Berry*, haben die *ragoust* noch mehr verdorben; den sie aßen es nicht, es muste dan handtvoll saltz drin sein, daß einen der halß davon brante. Ich glaube, daß daß abscheüliche versaltzen undt verpfeffert gefreß, so sie alle tag in menge gehen, ursach ahn ihrem kurtzen leben geweßen. Seyder 8 tagen haben wir daß heßlichste wetter von der welt, immer kalter windt undt regen, auch so, daß wider feüer in allen caminen hatt müßen gemacht werden. Ich habe in den 10 tagen, so ich hir bin, noch nicht ein eintzig konnen in den gartten fahren, den es regnet continuirlich; ich bin diß wetter woll hertzlich müde.

Wolte gott, ich könte Eüch noch ein mahl in meinem leben hir zu St. Clou ambrassiren! daß würde mir eine rechte freüde sein. Ich bin in allem, auch in eßen undt druncken, noch gantz teütsch, wie ich all mein leben geweßen. Man kan hir keine gutte pfanen-kuchen machen, milch undt butter seindt nicht so gutt, alß beu unß, haben keinen süßen geschmack, seindt wie waßer; die Kreütter seindt auch nicht so gutt hir, aIß bey unß, die erde ist nicht fett, sondern zu leicht undt sandig, daß macht die kreütter, auch daß graß, ohne starcke undt daß vieh, so es ist, kan also keine gutte milch geben, noch die butter gutt werden, noch die pfanen-kuchen. Auch haben die frantzosche koche den rechten griff nicht dazu, wie gern wolte ich den pfanen-kuchen von Ewer cammer-magtgen eßen! Daß solte mir besser schmecken, altz alles, roatz meine köche machen.

An Geheimerat v. Harling

St. Clou den 22 Juni 1721

...Ich kan nicht begreiffen, wer auf der post vor eine lust nehmen kan, alle meine brieffe paarweiß zu schicken, aber der *marquis de Torcy* in gewohnheit allezeit, alles ahm schlimbsten vor mich zu thun. Zu unßers seel. König zeitten that er seinen möglichen fleiß, mich mit dem König zu *brouilliren*, brachte I.M. meine brieffe falsch vor, aber das hat gott lob nicht *reussirt*, hat nur die schande davon getragen. Im ahnfang hat er mich verfolgt der alten *Maintenon* zu gefahlen undt nun zergt er mich, weilen er woll dencken kan, daß ich ihn woll kenne undt nichts von ihm halte; er *agirt* den *devoten* undt ist nur ein heuchler *in folio* undt gar ein böser teuffel. Aber hirmit genung von dem *eloge vom kleinen Torcy* ... Mons. arling hat es seinen eygenen schreiben zu dancken undt seinem lustigen, desinteressirten humor, daß man ihn so sehr in Englandt gerümbt, ich thue nichts dazu, undt wie die heylge schrifft in dem *osalmen* sagt: „Recht muß doch allezeit recht bleiben undt dem werden alle hertzen zufallen" ... Ich finde alles in Teutschlandt so verendert seyder die 50 jahr, daß ich in Franckreich bin, daß es mir wie eine andere welt vorkompt. Ich habe brieff gesehen, so man an die fraw von Rathsamshaußen geschrieben, so ich mühe habe zu verstehen. Zu meiner zeit fandt man woll geschrieben, wenn die phraßen in kurtzem begriff undt man viel in wenig wortten sagte, nun aber findt man schön, wenn man viel wörtter daher setzt, so nichts bedeutten. Das ist mir unleydtlich, aber gottlob alle die, womit ich *correspondire*, haben dieße widerliche *mode* nicht ahngenohmen; ich hette nicht antwortten können, aber gottlob sie sprechen noch alle mein teutsch, antworte also kecklich....

Wenn man jung ist, findt man alles gutt, aber wenn man alt wirdt, lernt man die welt beßer kenen undt sicht, daß „nicht alles golt ist, waß glentzt"; das macht einen scheü undt mißtrauisch, undt nicht ohne ursach. Also macht man nicht so leicht kundtschaft mehr undt fürcht alß etwas falsches zu finden, wie auch mir gar zu offt geschicht. Ich fürchte schmertzen so erschrecklich, daß mir der todt nichts dagegen zu rechnen ist. Ich were nicht gutt gewehen, eine märtyrin zu werden, denn es hette mit ein absonderlich *miracle* gemüst, umb die schmertzen außstehen zu können, die man die *martyrer* hat außstehen machen. Drumb beklage ich auch mehr alß alle andere die, so schmertzen leyden.... Das dolle und leichtfertige leben zu Paris wirdt alle tag ärger, so daß, wenn es donnert, mir angst wirdt vor *Paris*. Drey *damen* von *qualitet* haben waß abscheuliches gethan: sie seindt den *Turcken* biß nach *Paris* gefolgt, haben das *ambassadeurs* sohn zu sich gezogen, ihn voll und doll gesoffen undt 2 tag nach einander in dem *labyrinth* mit dem großbartigen Kerl zu thun gehabt. Nun sie sich hiran gewöhnen, glaube ich, daß kein *capuciner* mehr sicher vor dießen *damen* sein wirdt. Das wirdt den christinnen undt *damen* von *qualitet* einen schönen ruhm in *Constantinopel* geben.

An Raugräfin Louise von der Pfalz

St Clou den 24 Julli 1721.

... Meine gesundtheit ist, gott seye danck, nun gar perfect, habe gestern ein gantz stündgen zu Madrit zu fuß spatzirt, ohne mich zu setzen, noch zu schnauffen, noch müde zu werden. Ich schlaff woll, ich eße woll undt nichts thut mir wehe, alß die knie, kan also sagen, daß ich in perfecter gesundtheit bin. Aber bey alten weibern, wie ich bin, wehrt die gesundtheit nicht allezeit gar lang. Aber waß will man thun? Unßer herrgot, wie unßere lieb s. churfürstin alß pflegt zu sagen, wirdt nichts neües vor mir machen; ich muß folgen, wie der allmächtige die jahren undt zeitten ordonnirt hatt, undt nur gott dancken, daß es so woll noch geht bißher. Wie ich noch jung war, bin ich lange jahren geweßen, daß mir gar nichts gefehlt hatt; daß habe ich der jagt zu dancken gehabt, negst gott hatt es mich bey so langen jahren gesundt erhalten. Exercitzien ist eine gesundte sach; ich habe 30 jahr zu pferdt undt 10 jahr in caleschen gejagt. So lang *Monsieur* s. gelebt, habe ich geritten undt seyder deß königs todt alles, waß jagten heist, abgesagt, aber seyder dem 3 gar große kranckheitten außgestanden; daß hatt mich glauben machen, daß mich daß jagen in gesundtheit in meinen jungen jahren erhalten hatte.

Man hatt mir schon gesagt, daß unßere gutte Teütschen sich greülich verdorben undt den gutten alten teütschen glauben gantz absagen sambt allen tugenden, so die alten Teütschen beseßen, undt sich aller laster der frembten nationen ergeben. Daß kan mich recht verdrießen; einem Teütschen steht es viel übeller ahn, falsch, boßhafft undt desbauchirt zu sein, den sie seindt nicht dazu geborn, es geht ihnen zu grob an; theten also beßer, sich bey dem gutten alten teütschen brauch zu halten, ehrlich undt auffrichtig zu sein, wie sie vor dießem geweßen. Die pest nimbt, gott lob, wider ab in Provence; daß macht die leütte nicht fromer undt, waß zu verwundern, daß man in dem spital von Thulon 18 personen hatt zusamen geben müßen, weillen sie in mitten von der pest leichtfertig gelebt haben. Meines sohns docktor, so vorgeben, daß die schlime kranckheit nicht ahnsteckt, sagt nun, er hette es gesagt, weillen er verspürt, daß die große forcht, so man vor die pest hatt, daß geblüht verdirbt undt die leütte also mehr *capable* macht, die krankheit zu bekommen, alß wen sie sich nicht förchten. Daß kan noch woll hingehen, hatt sich also woll bey seinem herrn entschuldigt. Ich bin woll Ewerer Meinung, daß, so baldt man die religion auff *politique* gründet oder mischt, wie der lutterische pfarher thut, der mitt Eüch gesprochen, liebe Louise, daß, die solches thun, keine gutte religion haben undt baldt ohne religion sein werden. Ihr habt also groß recht gehabt, liebe Louise, dießen politischen pfaffen zu filtzen, die pest zu wünschen, welches nie alß eine nothwendigkeit, sondern alß eine straff gottes von einem pfarher solle ahngesehen werden. Ich darff ahn die leüte nicht gedencken, so man erschiest, sie jammern mich; jedoch so ist es nöthig, umb gantz Franckreich zu salviren, daß man so *severe* ist. Es solle Eüch nicht verdrießen, liebe Louise, zu fühlen, daß Ihr barmhertzig gegen Ewere negsten seydt, den daß ist ja tugendthafft. Ich finde, daß graff Degenfeldt undt seine gemahlin groß recht haben, sich in Hollandt eine zeit lang auffzuhalten. Hollandt ist ahngenehm in meinem sin; Amsterdam ist auch der mühe woll wehrt, daß man es sicht. Gehen sie von Utrecht nach Geißenheim, weiß ich ihren weg woll; den es woll der selbige sein wirdt, so man mich geführt. Von Utrecht gingen wir nach Nimwegen, von Nimwegen nach Clef, von Clef nach Santen, von Santen nach Cöln, von

Cöln nach Bacherach, wo mich J.G.s. unßer Herr vatter undt bruder abholten, blieben ein par tag zu Bacherach, besahen Ober-Weßel undt fuhren den Rhein herunder biß nach Bingen undt hernach nach Franckenthal; wo wir lang blieben. Ich weiß nicht, ob ichs mich noch recht erinere; den in 8, in 59 jahren kan man woll was vergeßen. Utrecht ist mir noch allezeit lieb, den ich mich gar woll dort divertirt habe. Daß ist gewiß, daß, wer Hollandt gesehen, findt Teütschlandt schmutzig; aber umb Teutschlandt sauber undt ahngenehm, müste man durch Franckreich; den nichts ist stinckender, noch sauischer, alß man zu Paris ist. Ich liebe ein schön naturel mehr, alß alle ornement undt magnificentzen von der welt ...

Ahn ortern, wo man die geister glaubt, sicht man allezeit; wie ahn cassellischen hoff; ahn unßerm hoff, da man sie nicht geglaubt undt auch nie nichts gesehen, also besteht es viel in der einbildung. Hir im landt würde man es vor ein *affront* halten, wen man sagen solte, daß jemandts zu from wehre, buben zu lieben; von geheürathe weiber macht man sich eine ehre undt hatt es gar keine scheü. Von der h. schrifft wißen wenig leütte hir undt es seindt noch weniger, die es glauben, noch wißen wollen. Ich gestehe, daß, ob ich zwar daß glück nicht habe, so gotsfürchtig zu sein, alß ich sein solte, so gestehe ich doch, daß ich ein recht abscheüen vor dieße gottloßigkeit habe. Gott wolle sie bekehren! Es ist mir leydt, daß Ihr keine historger mehr von gespenstern hort, den ich hore sie recht gern. Hir hört man von keine, eben so wenig alß bey unß zu Heydelberg. So lang ich zu Heydelberg geweßen, hab ich auch nie keine *romans* geleßen, aber seyder ich hir bin, habe ich dieße zeit wider eingebracht; den es ist keiner, wo ich nicht geleßen, hab *Astrée, Cassandre* undt gar viel ander kleine *romans. Tarcis et Celie, Lissandre et Caliste, Endimion, Amadis, le roman des romans, Theagene et Cariclee*; daß ist zu *Fontainebleau*, ins königs *cabinet de l'ovale* zu *Fointainebleau*, gemahlt, gibt also große curiositet. *Apropo* von *Fontainebleau*, mein enckel ist gestern hin, mitt seinem *oncle*, dem *conte de Thoulouse*, undt deß königs hunden zu jagen; solle biß sambstag widerkommen. Gott gebe, daß er sich den halß nicht bricht! Den wer daß jagen nicht gewohnt ist, kan braff burzelbaum dort machen; doch bin ich weniger dort gefahlen, alß in dießen gegenden. Ich glaube, daß es ist, weillen ich den ort so hertzlich lieb hatte, daß mir nie nichts übels, noch wiederliches dort begegnet ist, sondern habe mich beßer dort divertirt, alß ahn keinem andern ort in gantz Franckreich. *Fontainebleau*, daß schloß, sicht gantz teütsch auß mitt seinen großen gallerien, sällen undt erckern. Aber hirmitt genung hirvon, es macht mir daß hertz schwer, wie auch ahn I.G.s. unßern herrn vattern zu gedencken. Adieu, liebe Louiße! Ich ambrassire Eüch von hertzen undt versichere Eüch, daß ich Eüch von hertzen lieb behalte.

Elisabeth Charlotte.

An Geheimerat von Harling

St. Clou den 2. october 1721.

... Ich muß dießen morgen nach *Paris*, mich mit meinem sohn undt seiner gemahlin zu erfreuen über die froliche bottschaft, so die vergangen montag entpfangen, nehmblich einen *courir* vom König in *Spanien*, welcher von meinem sohn seine dochter begehrt vor seinen elsten sohn, den printzen *des Asturies*. Es wird zwey junge eheleutte geben, denn der *printz* ist den 25. *augusti* erst 14 jahr alt worden undt *Mad lle de Monpensier* wirdt den zukünftigen 11. *december* erst 12 jahr alt werden. Dieß alles findt ich gutt undt schön, wenn es nur nicht zu viel *visitten* undt *complementen* nach sich zög, des man sich nicht mehr zu behelfen weiß. Es geht aber hirin, wie das frantzösch sprichtwordt sagt: „*Il faut avoir les charges avec les benefices.*" Unßere junge braut hat noch keinen nahmen, sie ist zwar getauft, aber die *ceremonie*, wo man den nahmen gibt, ist noch nicht geschehen; der König undt ich werden dieße *ceremonie* halten. Ehe *Mad lle de Monpensier* ihre reiße ahnfengt, wirdt sie also mit 3 *sacramenten* versehen werden: der tauf, *communion* undt *confirmation*; daß ist doch etwas rares.... Ich befinde mich nun gottlob gar woll, aber große stercke finden sich in meinem alter nicht mehr, kan doch noch woll ein stündtgen spatziren.

Ich vernehme mit freüden, daß mein lieber *petit neveu à la mode de Bretagne, printz*Friederich, noch gott sey danck so woll ist, daß I.L. reißen, reiten undt jagen können; gott erhalte ihn lange jahre. Es ist hir weit von kälte, denn seyder 14 tagen ist es wärmer, alß es in den hundtstagen geweßen; das soll auch machen, daß der wenig wein, so man haben wirdt, gar gutt soll werden. Die *pest* ist nun zu *Avignon* durch den geitz des *legaten*, der, umb geldt zu gewinnen wollfeile waren hat von örtern kommen laßen, wo die *pest* war, undt sie theuer verkauft undt dadurch leyder die *pest* in die stadt geführt. Er *meritirte* woll, erbarmlich dran zu sterben.... *Mons. Law* wirdt woll in Hollandt gehen, aber ich glaube nicht, daß er nach Englandt darf, ist dort zu schwartz ahngeschriben. Aber es schlegt 7, ich muß noch ahn unßere Raugräffin schreiben, ehe ich mich ahnziehen kan.

An Geheimerat v. Harling

St. Clou den 3. october 1722.

Mons. von Harling. Seyder vorgestern, daß ich ihm geschrieben, ist gar keine verenderung bey mir vorgangen; es mag gehen, wie gott will, so *preparire* ich mich zu meiner reiß nach *Rheims*; waß drauß werden wirdt, „sal de tidt lehren“. Ich schickt ihm hirbey einen brief von seinem *neveu* undt versichere, daß, in welchem standt ich auch sein mag, ich allezeit sein undt bleiben werde *Mons.* von Harling wahre freundin.

An madame Louise, raugräffin zu Pfalz, a Franckforth

St Clou, sambstag, den 28 November 1722

Hertzallerliebe Louise, Ihr werdet heütte gar einen kurtzen brieff von mir bekomen. Den erstlich so bin ich übeller, alß nie, habe dieße gantze nacht kein aug zugethan; den gestern morgen haben wir auff einmahl unßere arme marechalckin verlohren, war vorgestern noch bey mir. Kein schlag hatt sie gerührt, aber sie hatt nicht mehr erwermen konnen, sie solle ihren magen zu sehr mit *aigre de cedre* erfrischt haben. Es ist mir woll von grundt der seelen leydt, den es war eine dame von großem verstandt undt gedechtnuß undt war sehr gelehrt, aber sie ließ es sich nie mercken, man hörte sie von nichts gelehrts, man frage sie than. Sie hatt ihren älsten bruder sohn zum erben eingesetzt. Ob es zwar nichts rares ist, eine person zu 88 jaren sterben zu sehen, so ist es doch schmerzhafft, eine gutte freündin zu verliehren, mitt welcher man 51 jahr gelebt hatt. Aber last mich enden, liebe Louise! Ich bin gar zu kranck, umb heütte waß mehres zu sagen können, liebe Louise, alß daß, daß in welchen ellenden stand ich auch sein mag, so werde ich, biß daß der garauß mitt mir kommen wirdt, werde ich Eüch, liebe Louise, von hertzen lieb behalten.

Elisabeth Charlotte.